Español Lengua Extranjera

3 por

3 por uno
REPASA

1 2 3

Funciones, gramática y léxico

A2

Arielle Bitton

edelsa
GRUPO DIDASCALIA, S.A.

Índice

ASÍ SE HABLA
FUNCIONES

Identificar y comprar ropa

Hablar del presente

Preguntar por recuerdos

Hablar de actividades de aprendizaje

Dar indicaciones

Preguntar e informar sobre los gustos, las preferencias y las opiniones

Pedir cita con el médico

Hablar del carácter y comparar personas

Hablar de aficiones y deportes

Hablar de planes y de ideas futuras

Hablar de las actividades realizadas

Describir personas, lugares y cosas en el pasado

Hablar de eventos pasados

Pedir y dar indicaciones en la ciudad

Pedir y dar consejos

UNIDAD 1
Comprar ropa

> No sé cuál comprar. Me gustan estas dos camisetas, la azul y la roja. Creo que voy a comprarme esta roja.

Para preguntar por el calzado usamos *número*.
- ¿Qué número?
- El 37.

---

1 ASÍ SE HABLA
FUNCIONES — Identificar y comprar ropa

1. Comprar ropa
- *Buenos días, quería una camiseta.*
- *¿Cómo la quiere?*
- *De algodón.*
- *¿Qué talla?*
- *La L.*
- *¿De qué color?*

- *Por favor, ¿cuánto cuesta esta camiseta?*

2. Describir la ropa
- *grande ≠ pequeño/a*
- *largo/a ≠ corto/a*
- *ancho/a ≠ estrecho/a*
- *bonito/a ≠ feo/a*
- *elegante ≠ informal*
- *de moda ≠ pasado/a de moda*

3. El diseño y el material

- de cuadros   • de rayas   • de lunares   • de lana   • de seda   • de algodón   • de piel/cuero

---

2 ASÍ ES
GRAMÁTICA — El verbo *llevar*, los pronombres posesivos y los pronombres demostrativos neutros

LLEVAR		
yo	llevo	
tú	llevas	
él, ella, usted	lleva	+ prenda de ropa
nosotros, nosotras	llevamos	
vosotros, vosotras	lleváis	
ellos, ellas, ustedes	llevan	

Los pronombres posesivos

	Singular		Plural	
	Masculino	**Femenino**	**Masculino**	**Femenino**
	(el) mío	(la) mía	(los) míos	(las) mías
	(el) tuyo	(la) tuya	(los) tuyos	(las) tuyas
	(el) suyo	(la) suya	(los) suyos	(las) suyas
	(el) nuestro	(la) nuestra	(los) nuestros	(las) nuestras
	(el) vuestro	(la) vuestra	(los) vuestros	(las) vuestras
	(el) suyo	(la) suya	(los) suyos	(las) suyas

Este es mi jersey. > Este jersey es mío. > Es el mío.
Estas son mis sandalias. > Estas sandalias son mías. > Estas son las mías.

Los pronombres demostrativos neutros

- ¿Qué es esto?
- ¿Qué es eso?
- ¿Qué es aquello?

- Esto es un jersey.
- Eso es una blusa.
- Aquello es un bolso.

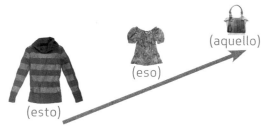

(aquello)

(eso)

(esto)

CON ESTAS PALABRAS
LÉXICO

La ropa y los complementos, los colores

1. La ropa y los complementos

la blusa

la camisa

el pantalón

el abrigo

la cazadora

el jersey

la camiseta

la falda

el vestido

la chaqueta

las gafas de sol
los zapatos
las sandalias
los guantes

el bolso

la bufanda

la corbata

el sombrero

las deportivas

la gorra

los calcetines

el gorro

las botas

2. Los colores

blanco/a

amarillo/a

negro/a

rojo/a

morado/a

} *Concuerdan con el nombre al que acompañan.*

Tienen la misma forma para el masculino y para el femenino. {

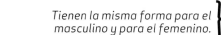

marrón
gris
verde
azul
naranja

5

1 **Reconoce el vocabulario de la ropa**
¿Quién es quién? Identifica a la persona.

1. Lleva una bufanda, un gorro y unos guantes rojos.   Es _____
2. Lleva unos pantalones cortos y una camisa de cuadros.   Es _____
3. Lleva un vestido verde y unos zapatos blancos.   Es _____
4. Lleva unos pantalones rojos y unos zapatos también rojos.   Es _____
5. Lleva una falda y una camisa de rayas.   Es _____
6. Lleva una camisa y unos pantalones negros.   Es _____
7. Lleva un abrigo y una falda negra.   Es _____
8. Lleva traje y corbata.   Es _____

Juan   Cristina   Carlos   Estrella

Anabel   Felipe   Sofía   Isabel

Aciertos: _____ /8

2 **Reconoce las prendas**
¿Cómo van vestidos? Escucha y completa con la prenda y el color, como en el ejemplo. 🎧 PISTA 1

Ana lleva una falda roja y un bolso también rojo.

1. Juan lleva una _____ _____ y unos pantalones también _____ .
2. Cristina lleva unos _____ _____ y una chaqueta también _____ .
3. José y Lola llevan una _____ _____ y unas botas también _____ .
4. Marta lleva una _____ _____ y un bolso también _____ .
5. Hoy Paco lleva una _____ _____ y unos guantes también _____ .
6. Carlos y Ana llevan una _____ _____ y unos calcetines también _____ .

Aciertos: _____ /18

Recuerda los nombres de la ropa
Observa las prendas y completa el crucigrama.

Aciertos: _____ /13

Recuerda los materiales
Relaciona.

1. un jersey   a. de algodón
2. unas botas   b. de lana
3. una camisa   c. de cuero

Aciertos: _____ /3

5 Recuerda los posesivos

Relaciona los posesivos (hay varias posibilidades).

1. el mío
2. las nuestras
3. las suyas
4. la nuestra
5. la tuya
6. el suyo
7. el vuestro
8. la mía
9. las tuyas
10. el tuyo
11. las vuestras
12. la suya
13. el nuestro
14. las mías
15. la vuestra
16. los suyos
17. los nuestros
18. los tuyos
19. los míos
20. los vuestros

1. yo
2. tú
3. nosotros
4. él
5. ellos
6. nosotras
7. usted
8. ellas
9. vosotros
10. ella
11. vosotras
12. ustedes

a. vuestra
b. vuestras
c. nuestras
d. sus
e. nuestro
f. tu
g. nuestra
h. vuestro
i. mi
j. su
k. mis
l. nuestros
m. vuestros
n. tus

Aciertos: _____

6 Practica los demostrativos neutros

Responde a las preguntas, como en el ejemplo.

¿Qué es eso? Eso es un zapato.

 a b c

1. ¿Qué es aquello?

 a b c

_____

2. ¿Qué es eso?

 a b c

_____

3. ¿Qué es esto?

 a b c

_____

Aciertos: _____

7 Reproduce la información

Escucha y responde a las preguntas. PISTA 2

1. ¿Es el jersey de Eva azul o verde? _____
2. ¿Cómo es el vestido de Ana? _____
3. ¿Cómo son los zapatos de Luis? _____
4. ¿Cómo es el abrigo de Felipe? _____
5. ¿Qué lleva María? _____

Aciertos: _____

Reproduce la comunicación
Responde negativamente, como en el ejemplo.

¿Esta es la bufanda de Luis? (verde)   *No, no es suya. La suya es verde.*

1. • ¿Este es tu abrigo? (marrón)
   • No,_____
2. • ¿Estos son los zapatos de Ana? (azules)
   • _____
3. • ¿Esta es su chaqueta, señora López? (roja)
   • _____
4. • ¿Estos son vuestros pantalones? (negros)
   • _____
5. • ¿Estos son los guantes del señor Gómez? (verdes)
   • _____

Refuerza la comunicación
Subraya la opción correcta.

Aciertos:_____/5

1. Buenos días. Quería una chaqueta *del número/de la talla* L, por favor.
2. ¿Tienen bolsos *naranja/naranjas*?
3. *Mi/Mía* blusa es muy bonita, ¿verdad?
4. Buenos días. *Quieres/Quería* unos zapatos del número 39.
5. ¿Tienen gafas de *día/sol*?
6. ¿Cuánto *cuestan/cuesta* esta falda, por favor?

Aciertos:_____/6

TOTAL de aciertos: _____/109

 **AHORA TÚ**
PRODUCCIÓN FINAL   **Tu diálogo**

Imagina un diálogo en una tienda de ropa.

UNIDAD 2
Hablar del presente

¿Qué haces?
¿En qué piensas?

En los exámenes.
Empiezan el próximo mes y
pienso aprobar todo.
¿Quieres estudiar conmigo?

Comenzar y empezar son sinónimos.
La clase comienza a las 9:00.
=
La clase empieza a las 9:00.

ASÍ SE HABLA
FUNCIONES — Hablar del presente

1. **Preguntar e informar sobre actividades de una persona**
   - ¿Qué haces?
   - Hoy empiezo a estudiar guitarra.
   - Empiezo el libro.

   - ¿Qué pasa?
   - El bebé despierta a sus padres.
   - El bebé se despierta a menudo.

   - ¿En qué piensas?
   - Pienso en las vacaciones.
   - Pienso en Ana.
   - Pienso en viajar.

2. **Preguntar e informar sobre una persona**
   - ¿Con quién está Ana?
   - Conmigo.
   - Contigo.
   - Con Pedro.

   - ¿Para quién es esta carta?
   - Es para mí.
   - Es para ti.
   - Es para ellos.

---

mí (pronombre personal) ≠ mi (adjetivo posesivo)
Este libro es para mí./Es mi libro.

ASÍ ES
GRAMÁTICA
El presente de los verbos irregulares en −ar (1), el verbo *dar* y preposiciones con pronombres

Verbos e>ie

PENSAR

yo	pienso
tú	piensas
él, ella, usted	piensa
nosotros, nosotras	pensamos
vosotros, vosotras	pensáis
ellos, ellas, ustedes	piensan

<< La diptongación nunca se aplica a *nosotros* y *vosotros*. >>

DAR

yo	doy
tú	das
él, ella, usted	da
nosotros, nosotras	damos
vosotros, vosotras	dais
ellos, ellas, ustedes	dan

Preposiciones con pronombres

De: de mí/de ti/de él, ella, usted, nosotros, nosotras, vosotros, vosotras, ellos, ellas, ustedes
Para: para mí/para ti/para él, ella, usted, nosotros, nosotras, vosotros, vosotras, ellos, ellas, ustedes
Con: conmigo/contigo/con él, ella, usted, nosotros, nosotras, vosotros, vosotras, ellos, ellas, ustedes

CON ESTAS PALABRAS
LÉXICO
Los verbos de actividad cotidiana

Jaime merienda a las 17:30.

El examen empieza a las 9:00.

Calienta la leche.

Piensan en su nueva casa.

Juan se despierta temprano.

Juan cierra la puerta.

Se sienta en el sofá.

1 Reconoce las formas verbales

Encuentra 5 verbos conjugados y escribe el infinitivo.

```
U C Y L E L U X E K
X C O T X W X M P C
B I H M Y R W V R A
D E S P I E R T A L
C R C R M E E N Z I
G R N R R A N V M E
E A E I E N T Z N N
D A E R C I E T A T
O L O B T E B U I A
Y E M P I E Z A N N
```

Infinitivos

1. _____ _____

2. _____ _____

3. _____ _____

4. _____ _____

5. _____ _____

Aciertos: _____ /1

2 Recuerda los verbos y forma frases

Ordena las palabras y utiliza los verbos del ejercicio anterior para formar frases.

1. verbo + Juan – puerta – con – la – llave   = _____

2. verbo + obreros – trabajar – a – los – temprano   = _____

3. verbo + espectáculo – las – a – nueve – el   = _____

4. verbo + perro – el – niño – al   = _____

5. verbo + la – los – camareros – comida   = _____

Aciertos: _____ /

3 Reconoce las expresiones

Relaciona y forma frases.

1. La película	a. la leche	I. a las 21:00.
2. Ana cierra	b. empieza	II. de la casa.
3. El bebé	c. hacer	III. a sus padres.
4. Pienso	d. la puerta	IV. para el desayuno.
5. Mi madre calienta	e. en mis	V. vacaciones.
6. Los alumnos piensan	f. despierta	VI. los ejercicios de gramática.

1. _____

2. _____

3. _____

4. _____

5. _____

6. _____

Aciertos: _____ /

Recuerda las formas irregulares
Conjuga los verbos *despertarse* y *sentarse*.

	DESPERTARSE	SENTARSE
(yo)	me desp _____	me _____
(tú)	_____	_____
(él, ella, usted)	_____	_____
(nosotros, nosotras)	_____	_____
(vosotros, vosotras)	_____	_____
(ellos, ellas, ustedes)	_____	_____

Aciertos: _____ /12

Recuerda los verbos regulares e irregulares
Marca si es un verbo regular (R) o irregular (I). Luego, escribe la forma en la persona indicada.

R I

1. contestar ☐ ☐
2. enseñar ☐ ☐
3. calentar ☐ ☐
4. pensar ☐ ☐
5. terminar ☐ ☐
6. cerrar ☐ ☐
7. sentarse ☐ ☐
8. necesitar ☐ ☐

a. (vosotras) _____
b. (ustedes) _____
c. (tú) _____
d. (ellos) _____
e. (nosotros) _____
f. (él) _____
g. (usted) _____
h. (yo) _____

Aciertos: _____ /16

Practica las formas irregulares
Completa con los verbos en la forma correcta.

1. (Cerrar, yo) _____ las ventanas y (sentarse) _____ en el sofá.
2. Petra (sentarse) _____ y (empezar) _____ a trabajar.
3. (Despertarse, vosotros) _____ temprano y (peinarse) _____ después.
4. Hoy (pensar, yo) _____ ver el partido de fútbol. (Comenzar) _____ a las 20:00.
5. (Despertarse, nosotros) _____ a las 7:30. (Empezar) _____ a trabajar a las 9:00.
6. (Pensar, nosotros) _____ invitar a Felipe a la fiesta.
7. (Calentar, tú) _____ la cena para los invitados.
8. (Sentarse, tú) _____ en el sofá conmigo.

Aciertos: _____ /13

7 **Practica los pronombres**
Relaciona las preguntas con las respuestas.

1. ¿En quién piensas?
2. ¿Con quién van al cine?
3. ¿Para quién es este regalo?
4. ¿A quién despierta el teléfono?
5. ¿En qué piensa usted?
6. ¿Quién acompaña a Martín al colegio?

a. Para mí.
b. A Juan.
c. En mi trabajo.
d. En Beatriz.
e. Yo.
f. Conmigo.

Aciertos: _____

8 **Practica los pronombres con preposición**
Completa las frases con las preposiciones y los pronombres en la forma correcta, como en el ejempl

Nosotros no vamos al cine (con, tú) _contigo_ .

1. ¿Viaja Isabel (con, tú) _____ o viajas sola?
2. Toma, esto es (para, tú) _____ . ¡Feliz cumpleaños!
3. Yo pienso mucho (en, tú) _____ . Estoy preocupado por tu salud.
4. Estas flores no son (para, yo) _____ , son (para, usted) _____ .
5. Por favor, viaja mañana (con, yo) _____ en mi coche, no quiero ir solo.
6. Mis hijos meriendan siempre (con, yo) _____ . Es que mi mujer trabaja a esa hora.
7. (Para, ellos) _____ vivir en la ciudad es muy caro. Por eso piensan compartir el piso
   (con, nosotros) _____ .
8. Cristina viaja en tren (con, tú) _____ y (con, yo) _____ , pero Sandra y Carlos viajan
   solos en su coche.

Aciertos: _____

9 **Reproduce la información**
Escucha y responde a las preguntas.

PISTA 3

1. ¿En qué piensa Ana después del trabajo?
   _____

2. ¿Por qué Pedro se despierta temprano durante la semana?
   _____

3. ¿Con qué sueña Pablo?
   _____

4. ¿A qué hora empezáis el trabajo Teresa y tú?
   _____

5. ¿Por qué no me puedo sentar en esta silla?
   _____

6. ¿Qué tomáis normalmente de merienda?
   _____

7. ¿No encierra al gato por la noche?
   _____

8. ¿Qué es lo último que hace todos los días?
   _____

Aciertos: _____

Reproduce la comunicación

Contesta a las preguntas, como en el ejemplo.

¿Esta carta es para Juan?   Sí, es para él.
¿Para quién es esta carta? (él)   Es para él.

1. ¿Piensas en tus amigos?   Sí, _____

2. ¿De quién es este libro? (Ana)   _____

3. ¿Este paquete es para ti?   No, _____

4. ¿Con quién viaja Carmen? (yo)   _____

5. ¿Estas flores son para mí?   Sí, _____

6. ¿Para quién son estos libros? (nosotros)   _____

Aciertos: _____ /6

Refuerza la comunicación

Subraya la opción correcta.

1. Pienso *en/a* mis próximas vacaciones.

2. El ruido de la calle *me/se* despierta todas las mañanas.

3. A las 12:00 empieza *Ø/a* la clase y comenzamos *Ø/a* practicar español.

4. Este cuaderno es *mío/de mí*.

5. En clase me siento *con tú/contigo*, ¿vale?

6. Ella sienta *al/el* niño en su silla.

Aciertos: _____ /7

TOTAL de aciertos: _____ /100

1 2 3 AHORA TÚ
PRODUCCIÓN FINAL — **Tus pensamientos**

Escribe tus ideas sobre un tema de tu elección.

UNIDAD 3
Contar actividades de la familia

Siempre me acuerdo mucho de mi madre y de su relación con mis hijos. Cuando están juntos, meriendan y juegan a la pelota con ella. Por la noche, los acuesta y les cuenta historias.

1 **ASÍ SE HABLA**
FUNCIONES

Preguntar por recuerdos

1. Preguntar y decir qué se recuerda
- ¿Qué recuerdas?
- Recuerdo una película.
- ¿A quién recuerdas?
- Recuerdo a mi abuela.
- ¿De qué te acuerdas?
- Me acuerdo de la película.
- ¿De quién te acuerdas?
- Me acuerdo de mi abuela.

2. Expresar nostalgia
- Echo de menos a mi abuela.
- Echo de menos mi casa de Madrid.

◄◄ *Recordar* lleva *a* cuando va con personas.
Recuerdo a mi abuela.
Recuerdo mi viaje.
Acordarse lleva la preposición *de*.
Me acuerdo de mi abuela.
Me acuerdo del viaje a Brasil. ►►

2 **ASÍ ES**
GRAMÁTICA

El presente de los verbos irregulares en –*ar* (2) y los pronombres de objeto directo

		Verbos *o* y *u>ue*	
		CONTAR	JUGAR
	yo	cuento	juego
	tú	cuentas	juegas
	él, ella, usted	cuenta	juega
	nosotros, nosotras	contamos	jugamos
	vosotros, vosotras	contáis	jugáis
	ellos, ellas, ustedes	cuentan	juegan

Otros verbos que funcionan co[n] contar: *acordarse, acostarse, enc[on]trar, recordar, soñar, aprobar, cos[tar], volar...*

Los pronombres de objeto directo (OD)

		OD	OD
yo	me		
tú	te	*Cuento el dinero.*	*Lo cuento.*
él, ella, usted	lo, la	*Cuento la historia.*	*La cuento.*
nosotros, nosotras	nos	*Cuento los billetes.*	*Los cuento.*
vosotros, vosotras	os	*Cuento las estrellas.*	*Las cuento.*
ellos, ellas, ustedes	los, las		

◄◄ Con dos verbos:
Empiezo a contarlo./
Lo empiezo a contar. ►►

CON ESTAS PALABRAS
LÉXICO

Las actividades frecuentes

1. Sustantivos de los verbos *o* y *u>ue*

• contar	(yo) cuento	⟶ un cuento
• almorzar	(yo) almuerzo	⟶ un almuerzo
• encontrar	(yo) encuentro	⟶ un encuentro
• recordar	(yo) recuerdo	⟶ un recuerdo
• soñar	(yo) sueño	⟶ un sueño
• volar	(yo) vuelo	⟶ un vuelo
• mostrar	(yo) muestro	⟶ una muestra
• jugar	(yo) juego	⟶ un juego

◄◄ *un cuento*
(una historia)
≠
una cuenta
(de un restaurante,
de un banco) ►►

2. Otras actividades

Se acuerda de su bebé.

El señor Gómez
cuenta el dinero.

El avión vuela
sobre la ciudad.

Te acuestas temprano.

Ella muestra la
dirección al turista.

Él cuenta una historia
a su hija.

¡Qué bonito!
¿Cuánto cuesta?

Sueña con la playa.

Ellos se encuentran
en la calle.

No encuentras el camino.

El teléfono suena.

1 Reconoce las actividades
Escucha y marca verdadero o falso. Luego, corrige las frases falsas. PISTA 4

                                            V   F

1. Luis prepara un encuentro con sus clientes. ☐ ☐ _____
2. Ana merienda antes de sus clases de guitarra. ☐ ☐ _____
3. Juan canta una canción muy bonita. ☐ ☐ _____
4. Los niños se levantan a las 11:00 los sábados. ☐ ☐ _____
5. Alejandro no juega al fútbol, juega al tenis. ☐ ☐ _____

Aciertos: _____

2 Reconoce los verbos irregulares
Escribe el pronombre personal y el infinitivo de cada verbo.

1. cuentas _____

2. empieza _____

3. recuerdo _____

5. vuela _____

7. comienzan _____

4. cuestan _____

6. sueñas _____

8. me acuesto _____

9. encuentran _____

10. jugáis _____

3 Recuerda los sustantivos
Escribe el sustantivo correspondiente a cada verbo.

Aciertos: _____ /2

1. Recordar un _____
2. Jugar un _____
3. Soñar un _____
4. Contar un _____

Aciertos: _____ /4

4 Recuerda el objeto directo
Responde a las preguntas de dos maneras diferentes, sin repetir el objeto directo, como en el ejemplo

¿Piensan comprar esta casa?

Sí, piensan comprarla.
Sí, la piensan comprar.

1. ¿Piensas comprar el libro?

Sí, _____

Sí, _____

2. ¿Comenzáis a estudiar la lección?

No, _____

No, _____

3. ¿Empieza usted a preparar la reunión?

Sí, _____

Sí, _____

4. ¿Pensáis mandar el paquete esta tarde?

No, _____

No, _____

5. ¿Empiezas a memorizar la letra de la canción?

Sí, _____

Sí, _____

6. ¿Piensan ustedes visitar el museo hoy?

No, _____

No, _____

Aciertos: _____ /12

Practica la forma de los verbos irregulares
Completa con los verbos en la forma correcta.

1. (Contar, yo) _____ una historia a los niños.
2. Teresa no (encontrar) _____ sus guantes.
3. (Acordarse, tú) _____ de tus amigos de infancia.
4. Ana y Luis (recordar) _____ su infancia con nostalgia.
5. (Acostarse, nosotros) _____ a las 23:00.
6. Los niños (jugar) _____ en el patio de la escuela.
7. (Mostrar, ustedes) _____ los documentos a sus clientes.
8. Señor López, ¿(acordarse) _____ de mí?
9. (Acostarse, yo) _____ muy tarde.
10. Felipe (contar) _____ los billetes.
11. Mi hijo ya (contar) _____ hasta 10.
12. Esta tarde nos (encontrar) _____ todos los amigos de la juventud.
13. Normalmente ustedes (acostarse) _____ muy tarde, ¿no?

Aciertos: _____ /13

Practica el objeto directo
Responde a las preguntas sin repetir el objeto directo, como en el ejemplo.

¿Cuentas la historia?   *Sí, la cuento.*

1. ¿Me invitas a la fiesta?   Sí, _____
2. ¿Acompañas a Antonio al colegio?   No, _____
3. ¿Me llamas esta noche?   Sí, _____
4. ¿Prepara tu madre la cena?   No, _____
5. ¿Ves a Antonia mañana?   Sí, _____
6. ¿Recuerda usted las reglas?   No, _____
7. ¿Lees el libro ahora?   Sí, _____
8. ¿Vendéis vuestro coche?   No, _____
9. ¿Escuchan al profesor?   Sí, _____
10. ¿Nos acompañáis al teatro?   No, _____
11. ¿Acuestas tú al niño, por favor?   Sí, _____
12. ¿Muestra el profesor los esquemas?   Sí, _____
13. ¿Isabel cuenta el dinero?   No, _____

Aciertos: _____ /13

7 **Practica los verbos y el objeto directo**
Completa con los verbos en la forma correcta y responde a las preguntas sin repetir el objeto directo, como en el ejemplo.

¿(Comprar, tú) Compras el pan?   *Sí, lo compro.*

1. ¿(Contar) _____ la historia?   Sí, _____

2. ¿(Abrir, vosotros) _____ las ventanas?   No, _____

3. ¿A qué hora (acostar, usted) _____ al niño?   _____ a las 21:00.

4. ¿(Encontrar, tú) _____ las llaves?   No, _____

5. ¿(Preparar, ellos) _____ el almuerzo?   Sí, _____

6. ¿(Vender, ustedes) _____ los libros?   No, _____

8 **Reproduce las preguntas**   Aciertos: _____ /1
Formula la pregunta, como en el ejemplo.

¿Te acuerdas de Melisa?   *Sí, claro que me acuerdo de Melisa.*

1. ¿_____?   Lola se acuerda de su tía.

2. ¿_____?   No, Luis no encuentra su pasaporte.

3. ¿_____?   Sí, nos acordamos mucho de Armando.

4. ¿(Usted) _____?   Me acuerdo de la reunión.

9 **Reproduce la comunicación**   Aciertos: _____ /4
Completa las preguntas con los verbos en la forma correcta y responde a las preguntas.

1. ¿Dónde (almorzar, ellas) _____?   _____ en el restaurante.

2. ¿A qué hora (despertarse, tú) _____?   _____ a las 6:15.

3. ¿Qué (calentar) _____ Pablo?   _____ la leche.

4. ¿Qué (comprar, ellos) _____?   _____ una revista.

5. ¿Con qué (soñar, usted) _____?   _____ con viajar a Perú.

6. ¿De qué (acordarse, tú) _____?   _____ de la película.

7. ¿En qué (pensar, usted) _____?   _____ en la reunión de hoy.

8. ¿(Acordarse, vosotros) _____ de Eva?   No, _____.

9. ¿Dónde (sentarse) _____ ustedes?   _____ en estas sillas.

10. ¿Qué (mostrar) _____ el niño?   _____ sus juguetes.

11. ¿Adónde (volar) _____ los patos?   _____ al sur.

Aciertos: _____ /22

Refuerza la comunicación
Lee y marca la respuesta adecuada.

1. **¿Te acuerdas del colegio?**
   a. Sí, echo de menos.
   b. Sí, lo echo de menos.
   c. Sí, la echo de menos.

2. **¿Qué recuerdas de tu infancia?**
   a. Echo de menos.
   b. Me acuerdo de nada.
   c. Recuerdo la comida de la abuela.

3. **¿Qué tal el viaje?**
   a. El vuelo, bien.
   b. Volar, bien.
   c. El avión.

4. **¿Te acuerdas de Marta?**
   a. No, no recuerdo.
   b. No, no me recuerdo.
   c. No, no la recuerdo.

5. **¿Qué tal el restaurante nuevo?**
   a. La comida buena; los camareros, mal.
   b. Comer bueno, camareros mal.
   c. Comemos mucho.

Aciertos: _____ /5

TOTAL de aciertos: _____ /110

AHORA TÚ
PRODUCCIÓN FINAL

Tus recuerdos

**Piensa en una persona que no ves últimamente
y describe qué recuerdas de ella.**

PREPARA TU EXAMEN 1

unidades **1** a **3**

1 Lee estas notas. Relaciona cada una con la frase correspondiente. Hay tres notas que no de
seleccionar.

a Estoy cansado.

b Hace mucho frío.

c La clase comienza a las 17:

d Quiero sentarme.

e ¡Qué calor hace hoy!

f Hoy llueve mucho.

g La sopa está fría.

h Echo de menos a mis amigos.

i Me acuerdo de Manuel.

j Pienso en mi viaje a Cuba.

k Tengo que estar en el aeropuer a las 7:00 de la mañana.

1. Necesito comprarme un abrigo. ☐
2. Necesito una silla. ☐
3. Tengo los billetes de avión. ☐
4. Necesito acostarme más temprano. ☐
5. La caliento. ☐
6. Me despierto temprano. ☐
7. Llevo ropa fresca. ☐
8. Los llamo por teléfono. ☐

2 Completa con la forma necesaria.

Ø – a – con – conmigo – de – en – me – para – que

1. Compro una chaqueta _____ piel _____ mi hermano.
2. Me despierto _____ las 8:00.
3. Pensamos _____ Luis se acuesta demasiado tarde.
4. Marisol se compra mucha ropa _____ moda.
5. • ¿Los niños estudian _____ su padre?
   • No, _____ .
6. _____ recuerdo _____ mi viaje a México.
7. • ¿Es este paquete _____ ti?
   • No, no es _____ mí.
8. Enrique juega _____ la pelota _____ sus amigos.
9. _____ acuerdo _____ mis abuelos con mucho cariño.
10. Siempre pienso _____ ellos cuando estoy en el pueblo.

Escucha los diálogos y selecciona la(s) respuesta(s) correcta(s). PISTA 5

1. ¿Qué quiere comprar María?

a

b

c

d

2. ¿Qué prenda no le gusta?

a

b

c

d

3. ¿A quién recuerda Juan?

a

b

c

d

4. ¿Dónde está José?

a

b

c

d

5. ¿Qué pantalón compra Juan?

a

b

c

d

UNIDAD 4
Hablar del aprendizaje

1 **ASÍ SE HABLA**
FUNCIONES

Hablar de actividades
de aprendizaje

- **Actividades de aprendizaje**
  - *Conocer otra cultura*
  - *Entender la gramática*
  - *Escribir textos*
  - *Hacer ejercicios*
  - *Leer y responder a preguntas*
  - *Ofrecer soluciones*
  - *Perder el miedo a hablar*
  - *Ver películas*

2 **ASÍ ES**
GRAMÁTICA

El presente de los
verbos irregulares
en –er

Escuela Ñ

Si quieres aprender bien español, en la escuela Ñ puedes hacerlo. Con nosotros conoces una nueva lengua, haces ejercicios de gramática… Tú pones el interés en aprender y nosotros ofrecemos nuestra experiencia.

www.escuelañ.es

Verbos e›ie

 entender = comprender

QUERER

yo	quiero
tú	quieres
él, ella, usted	quiere
nosotros, nosotras	qu<u>e</u>remos
vosotros, vosotras	qu<u>e</u>réis
ellos, ellas, ustedes	quieren

Otros verbos que funcionan como *querer*: *entender,
def<u>e</u>nder, enc<u>e</u>nder, p<u>e</u>rder…*

Verbos o›ue

volver + preposición:
- *de la escuela.*
- *en metro.*
- *a las 6:00.*
- *con mi hermano.*

V<u>O</u>LVER

yo	vuelvo
tú	vuelves
él, ella, usted	vuelve
nosotros, nosotras	v<u>o</u>lvemos
vosotros, vosotras	v<u>o</u>lvéis
ellos, ellas, ustedes	vuelven

Otros verbos que funcionan como *volver*: *devolver,
llover, p<u>o</u>der, resolver…*

Verbos irregulares en la 1.ª persona del singular	
conocer*	conozco, conoces, conoce…
ver	veo, ves, ve…
leer	leo, lees, lee…
saber	sé, sabes, sabe…
hacer	hago, haces, hace…
poner	pongo, pones, pone…
traer	traigo, traes, trae…

*Otros verbos que funcionan como *conocer*: *agradecer, crecer, obedecer, ofrecer, parecerse…*

CON ESTAS PALABRAS
ÉXICO

La escuela y la universidad

Los lugares y las personas

escuela infantil

la escuela/el colegio

el instituto

la universidad

el aula

la biblioteca

el laboratorio

el estudiante

la secretaria

el profesor

Los objetos

las tijeras

el escritorio

el clip

el cuaderno

el ordenador

mpresora

la regla

el bolígrafo

rapadora

la goma

la fotocopiadora

el lápiz

el libro

1 Reconoce las formas verbales

Encuentra 5 verbos conjugados en la persona *yo* y escribe el infinitivo.

```
C O U C Z O F A E
T R H A G O V E O
R L E U O V U E F
A A D S L F U A R
I Z G P O N G O E
G N R M O G N O Z
O C P V M R V N C
S I E T A D I E O
C O N O Z C O S N
```

Infinitivos

1. _____ _____
2. _____ _____
3. _____ _____
4. _____ _____
5. _____ _____

Aciertos: _____ /10

2 Recuerda los verbos y forma frases

Ordena las palabras y utiliza los verbos del ejercicio anterior para formar frases.

1. verbo + un – para – María – regalo = _____
2. verbo + a – invitados – los – café = _____
3. verbo + los – sobre – cuadernos – mesa – la = _____
4. verbo + tus – a – amigos – bien – muy = _____
5. verbo + ejercicios – todos – los – días = _____

Aciertos: _____ /5

3 Reconoce los lugares

Escucha y responde a las preguntas. PISTA 6

1. ¿Dónde está Ana? _____
2. ¿Adónde va Pedro? _____
3. ¿Dónde trabaja el señor Molina? _____
4. ¿De qué es profesor Luis? _____
5. ¿Dónde están los lápices de Sara? _____

Aciertos: _____ /5

Recuerda los nombres del material de clase
Escribe el nombre y el artículo indeterminado de los siguientes objetos, como en el ejemplo.

un libro

1. _____

2. _____

3. _____

4. _____

5. _____

6. _____

7. _____

8. _____

9. _____

10. _____

11. _____

Aciertos: _____ /11

5 **Practica el vocabulario**
Escucha y marca verdadero o falso. Luego, corrige las frases falsas.

PISTA 7

	V	F	
1. Juan es maestro en una escuela y Pilar es profesora en la universidad.	☐	☐	_____
2. Los alumnos ya están en el aula.	☐	☐	_____
3. Los libros de Jesús están en el armario.	☐	☐	_____
4. Por su trabajo, Armando viaja por todo el país.	☐	☐	_____

Aciertos: _____ /4

6 **Practica la forma de los verbos en -er**
¿Regular o irregular? Marca si los verbos son regulares (R) o irregulares (I) y completa.

	R	I				
1. querer	☐	☐	yo _____	ellos _____
2. vender	☐	☐	tú _____	nosotros _____
3. resolver	☐	☐	ella _____	ustedes _____
4. creer	☐	☐	usted _____	vosotras _____
5. ver	☐	☐	yo _____	ellos _____
6. leer	☐	☐	ella _____	ustedes _____
7. comer	☐	☐	tú _____	nosotras _____
8. poder	☐	☐	él _____	vosotros _____
9. agradecer	☐	☐	yo _____	ellos _____
10. crecer	☐	☐	ella _____	vosotras _____
11. encender	☐	☐	usted _____	ustedes _____
12. ofrecer	☐	☐	yo _____	nosotros _____

Aciertos: _____ /24

7 Practica los verbos
Completa con los verbos en la forma correcta y responde a las preguntas.

1. • ¿A qué hora (volver, tú) _____ a casa?
   • _____ a las 7:00.
2. • ¿Por qué (encender, usted) _____ la luz?
   • _____ porque (querer) _____ leer.
3. • ¿Qué (hacer, tú) _____ los domingos?
   • _____ los deberes para el lunes.

Aciertos: _____ /

8 Practica la forma plural
Pon las frases del ejercicio anterior en plural.

1. • ¿_____?   2. • ¿_____?
   • _____   • _____
3. • ¿_____?
   • _____

Aciertos: _____

9 Practica los verbos y el objeto directo
Responde a las frases de dos maneras diferentes, sin repetir el objeto directo, como en el ejemplo.

¿Juan quiere hacer el ejercicio?   *Sí, quiere hacerlo./Sí, lo quiere hacer.*

1. ¿Quieres comprar esta regla?   Sí, _____
                                 Sí, _____
2. ¿Puede poner su cuaderno en la mesa?   No, _____
                                 No, _____
3. ¿Queréis ver los resultados del examen?   Sí, _____
                                 Sí, _____

Aciertos: _____ /6

10 Reproduce las preguntas y las respuestas
Completa con los verbos en la forma correcta y responde sin repetir el objeto directo, como en el ejemplo.

¿(Leer, tú) Lees el libro?   *Sí, lo leo.*
                                 No, no lo leo.

1. • ¿(Ver, tú) _____ a aquella estudiante?
   • Sí, _____
2. • ¿(Traer, usted) _____ su cuaderno de español?
   • Sí, _____
3. • ¿(Poner, tú) _____ la regla en tu mochila?
   • No, _____
4. • ¿(Leer) _____ los estudiantes los libros?
   • Sí, _____
5. • ¿(Hacer, usted) _____ las actividades de gramática?
   • Sí, _____
6. • ¿(Conocer, tú) _____ a la profesora de español?
   • Sí, _____

Aciertos: _____ /12

Reproduce lo contrario

Utiliza los siguientes verbos para decir lo contrario sin repetir el objeto directo, como en el ejemplo.

> devolver - deshacer - defender - encender

¿Ataca el perro al niño?   *No, lo defiende.*

1. ¿Saca Ana el libro de la biblioteca? _____
2. ¿Hacéis las maletas? _____
3. ¿Apaga usted la luz? _____

Aciertos: _____ /3

Reproduce la información

Escucha y responde a la pregunta sin repetir el objeto directo.

PISTA 8

1. ¿Dónde lleva Alicia su cuaderno? _____
2. ¿Por qué no resuelven el problema? _____
3. ¿Qué le pasa a Enrique? _____
4. ¿Por qué están Manuel y Lola en la tienda? _____
5. ¿Qué hace Luis? _____

Aciertos: _____ /5

Refuerza las expresiones

Relaciona para formar expresiones sobre el aprendizaje.

1. conocer   a. ejercicios de gramática
2. entender   b. el miedo a hablar
3. hacer   c. la gramática
4. perder   d. la lección
5. resolver   e. otra cultura
6. saber   f. problemas
7. traer   g. todo el material a clase

Aciertos: _____ /7

TOTAL de aciertos: _____ /105

① ② ③

AHORA TÚ
PRODUCCIÓN FINAL   **Tus estilos de aprendizaje**

Piensa cómo te gusta aprender y escribe un texto con el modelo de escuela que te gusta.

UNIDAD 5
Moverse por la ciudad

¿Adónde vas?

Voy a la oficina.

¿Cómo vas?

Hoy voy en metro.

ASÍ SE HABLA
FUNCIONES — Dar indicaciones

- **Preguntar y dar indicaciones**
  - ¿Cómo vas a la oficina?
  - Voy en metro.

  - Perdón, ¿dónde hay una farmacia?
  - En la siguiente calle, a la izquierda.

  - ¿Dónde está el banco?
  - Vas todo recto y cruzas la plaza.

ASÍ ES
GRAMÁTICA — El presente de los verbos irregulares en –ir

- ¿Adónde vas?
- Voy a casa.

- ¿De dónde vienes?
- Vengo de casa.

Verbos especiales

	IR	SALIR	VENIR	DECIR	OÍR
yo	voy	salgo	vengo	digo	oigo
tú	vas	sales	vienes	dices	oyes
él, ella, usted	va	sale	viene	dice	oye
nosotros, nosotras	vamos	salimos	venimos	decimos	oímos
vosotros, vosotras	vais	salís	venís	decís	oís
ellos, ellas, ustedes	van	salen	vienen	dicen	oyen

	Verbos e>i	Verbos e>ie y o>ue	
	PEDIR	**SENTIR**	**DORMIR**
yo	pido	siento	duermo
tú	pides	sientes	duermes
él, ella, usted	pide	siente	duerme
nosotros, nosotras	pedimos	sentimos	dormimos
vosotros, vosotras	pedís	sentís	dormís
ellos, ellas, ustedes	piden	sienten	duermen

pedir un favor, un café
preguntar = hacer una pregunta

Otros verbos que funcionan como *pedir*: *medir, reír(se), repetir, servir, vestir(se)...*
• *corregir*: corrijo, corriges, corrige...
• *elegir*: elijo, eliges, elige...
• *seguir*: sigo, sigues, sigue...

Otros verbos que funcionan como *sentir*: *preferir...*
Otros verbos que funcionan como *dormir*: *morir...*

Verbos irregulares en la 1.ª persona: *c>zc*

conducir: conduzco, conduces, conduce...

Otros verbos que funcionan como *conducir*: *producir, reducir, reproducir, traducir...*

La ciudad

Los lugares y las tiendas

la calle

la panadería

la plaza

los edificios

la frutería

el puente

ayuntamiento

la iglesia

el supermercado

los rascacielos

la farmacia

Los transportes

el autobús

la parada de autobús

el metro

la estación de metro

el coche

el taxi

1 **Reconoce el vocabulario de la ciudad** PISTA 9
Escucha y responde a las preguntas.

1. ¿Qué hacen Celia y Luisa? _____
2. ¿Hay muchas casas en su ciudad? _____
3. ¿Quiere José tomar el autobús? ¿Por qué? _____
4. ¿Dónde está la farmacia? _____
5. ¿De dónde vienen Jorge y Lola? _____

Aciertos: _____

2 **Recuerda las palabras de la ciudad**
Completa los textos con estas palabras.

> autobús – ayuntamiento – centro – cine – coches – edificios – farmacias – fuente
> hacen la compra – mercado – parada – puente – rascacielos – supermercado

1

Una de las imágenes más características de Madrid es la _____ de la Cibeles y el _____ .

2

El _____ sobre el río Sella es muy conocido en Asturias, en el norte de España.

3

Las personas esperan en la _____ para poder subir al _____ para ir al trabajo.

4

Muchos jóvenes van al _____ para ver una película los fines de semana.

5

A mi mujer le gusta comprar la fruta en el _____ porque dice que es más fresca.

6

En las ciudades hay _____ abiertas las 24 horas los 365 días del año.

7

Roberto y Sandra _____ en el _____ los fines de semana, porque tiene de todo.

8

Un gran problema de las ciudades grandes son los _____ , porque hay muchos atascos.

9

En el _____ de las ciudades históricas no hay _____ , hay antiguos muy bonitos.

Aciertos: _____ /1

Recuerda las formas de los verbos
Completa el crucigrama.

HORIZONTAL

1. vestir, él
2. oír, tú
3. dormir, ellos
4. elegir, yo
5. corregir, nosotros
6. advertir, usted
7. salir, yo
8. reducir, yo
9. ir, yo
10. divertir, tú
11. decir, ustedes
12. preferir, vosotros
13. morir, ellos
14. venir, yo
15. servir, vosotros

VERTICAL

a. decir, yo
b. ir, ellos
c. conducir, yo
d. servir, yo
e. reproducir, nosotros
f. sentir, vosotras
g. oír, yo
h. salir, él
i. salir, nosotros
j. sentir, ustedes
k. elegir, vosotros
l. oír, nosotros
m. salir, yo
n. oír, vosotras

Aciertos: _____ /29

Practica las formas de los verbos irregulares
Completa con los verbos en la forma correcta y responde a las preguntas.

1. • ¿Cuándo (preferir, tú) _____ hacer la reunión?
   • _____ hacerla mañana.

2. • ¿De dónde (venir, vosotros) _____ tan tarde?
   • _____ del estadio.

3. • ¿Qué (producir) _____ esta empresa?
   • _____ electricidad.

4. • ¿De qué (reírse, vosotros) _____ ?
   • _____ de esa película. Es muy cómica.

5. • ¿Adónde (ir, tú) _____ después de clase?
   • _____ al gimnasio.

Aciertos: _____ /10

33

5 Practica las formas de los verbos irregulares

Completa las frases con los siguientes verbos en la forma correcta.

> pedir (x2) – dormir – ir (x2) – decir (x2) – seguir

1. El niño _____ a sus padres por la calle.

2. • ¿Qué (usted) _____?

   • _____ que la reunión es a las 18:00.

3. Durante las vacaciones (nosotros) _____ mucho.

4. • ¿Adónde (vosotros) _____?

   • _____ a la universidad.

5. • ¿Qué (tú) _____ en la cafetería?

   • _____ un zumo de naranja.

Aciertos: _____ /9

6 Practica las frases

Relaciona las tres columnas y completa con el verbo en la forma correcta para formar frases.

1. En el bar, los clientes	a. (vestirse) _____	1. despacio por la ciudad.
2. Los ciudadanos	b. (pedir) _____	2. un refresco o un café.
3. Mi hermano	c. (dormir) _____	3. a sus gobernantes.
4. Los alumnos	d. (conducir) _____	4. las faltas.
5. El payaso	e. (corregir) _____	5. a los niños.
6. El chófer	f. (divertir) _____	6. muy elegante.
7. Para la fiesta, Cristina	g. (repetir) _____	7. en su cama.
8. El profesor	h. (elegir) _____	8. las frases que dice el profesor.

Aciertos: _____ /8

7 Reproduce la comunicación

Completa con el verbo en la forma correcta y responde a las preguntas sin repetir el objeto directo.

1. • ¿(Oír, tú) _____ este ruido?

   • No, _____ .

2. • ¿(Traducir, usted) _____ el documento?

   • Sí, _____ .

3. • ¿(Reducir, ustedes) _____ los gastos?

   • No, _____ .

4. • ¿(Conducir, tú) _____ el coche?

   • Sí, _____ yo.

Aciertos: _____ /8

Refuerza los usos de *pedir* y *preguntar*
Completa las frases con el verbo adecuado en la forma correcta.

1. (Yo) _____ un café.

2. Juan _____ a qué hora es la reunión.

3. Estrella _____ a sus colegas dónde está el director.

4. Nosotros _____ más dinero por nuestro trabajo.

5. Ellos _____ cómo funciona la fotocopiadora.

6. Me _____ la hora por la calle.

7. Le _____ al jefe más explicaciones.

8. Te _____, por favor, ayuda.

Aciertos: _____ /8

Refuerza la comunicación
¿Qué dicen? Completa con los verbos en la forma adecuada.

1. Juan (decir) _____ que desde su habitación (oír) _____ el ruido de los coches.

2. Ellos (decir) _____ que (divertirse) _____ con sus amigos y que (reírse) _____ mucho con ellos.

3. (Decir, yo) _____ que (corregir, ellos) _____ los errores en el ordenador.

4. (Decir, nosotros) _____ que (preferir, nosotros) _____ dormir la siesta.

Aciertos: _____ /9

TOTAL de aciertos: _____ /99

1 **2** **3** AHORA TÚ
PRODUCCIÓN FINAL ———— **Tus costumbres en tu ciudad**

Escribe un párrafo expresando qué lugares te gustan de tu ciudad y qué medios de transporte usas.

_____
_____
_____
_____
_____
_____
_____

UNIDAD **6**
Hablar de gustos y preferencias

> No tomo mucha carne, no me gusta. Prefiero comer verdura, fruta y cereales. No me gusta nada la comida preparada. Me parece más sano prepararla yo. Me gustan todos los deportes, pero prefiero nadar y correr.

1 ASÍ SE HABLA
FUNCIONES

Preguntar e informa[r] sobre los gustos, las preferencias y las opiniones

1. **Hablar de los gustos**
   - *¿Qué te gusta?*
   - *No me gusta nada la carne.*
   - *Me gusta mucho hacer deporte.*
   - *No me gusta el pescado, ¿y a ti?*
   - *A mí tampoco.*
   - *A mí sí.*
   - *Me gustan todas las frutas, ¿y a ti?*
   - *A mí también.*
   - *A mí no.*

2. **Preguntar y decir la opinión**
   - *¿Qué te parece la comida japonesa?*
   - *A mí no me gusta.*
   - *¿Te gusta la comida mexicana?*
   - *Sí, mucho, me parece muy rica.*

3. **Hablar de las preferencias**
   - *¿Quieres cenar en casa?*
   - *No, prefiero ir a algún restaurante.*
   - *¿Te gusta ir solo al restaurante?*
   - *No, prefiero ir con alguien.*

2 ASÍ ES
GRAMÁTICA

Los verbos *gustar* y *parecer*, los indefinidos

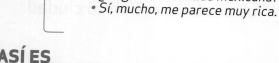

Para hacer la forma negativa se pone *no* delante del pronombre: *No me gusta correr.*

		GUSTAR
(a mí)	me	
(a ti)	te	**gusta** el chocolate **(singular)**
(a él, a ella, a usted)	le	comer pan
(a nosotros, a nosotras)	nos	
(a vosotros, a vosotras)	os	**gustan** los deportes **(plural)**
(a ellos, a ellas, a ustedes)	les	las verduras

Me gusta
+ *muchísimo*
  mucho
  bastante
- *nada*

PARECER

(a mí)	me		bueno/a(s)
(a ti)	te	parece	malo/a(s)
(a él, a ella, a usted)	le		rico/a(s)
(a nosotros, a nosotras)	nos		sano/a(s)
(a vosotros, a vosotras)	os	parecen	
(a ellos, a ellas, a ustedes)	les		

<< El verbo *parecer* funciona como *gustar*. >>

Los indefinidos
Alguien, algo, nada, nadie

Para personas: alguien ≠ nadie
- *¿Hay alguien en casa?* • *No, no hay nadie.*

Para objetos: algo ≠ nada
- *¿Necesitas algo?* • *No, no necesito nada.*

Algún, alguno(s), alguna(s) ≠ Ningún, ninguno, ninguna

- *¿Conoces algún restaurante griego?*
- *¿Tienen alguna mesa libre?*

- *No, no conozco ningún restaurante.*
- *No, no conozco ninguno.*
- *No, no tenemos ninguna mesa libre.*
- *No, no tenemos ninguna.*

CON ESTAS PALABRAS
LÉXICO

Los alimentos

ortilla de patata

el azúcar

el vinagre

el huevo

el yogur

el pollo

el salmón

el arroz

el atún

la pasta

el helado

el pan

las galletas

el jamón

los cereales

el queso

marisco

el salchichón

la sal

la mermelada

el aceite

la carne

1 Reconoce el vocabulario de la alimentación

Separa las palabras en la espiral y escribe los nombres debajo de cada foto.

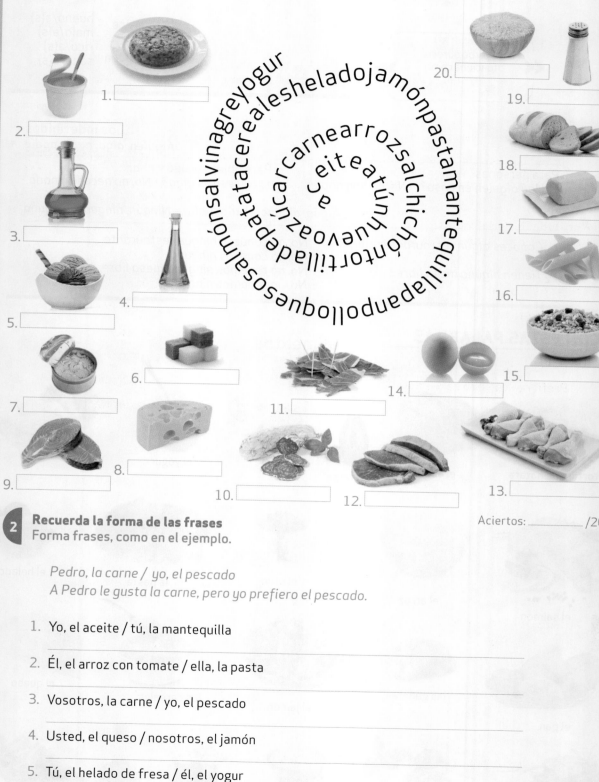

1. _____
2. _____
3. _____
4. _____
5. _____
6. _____
7. _____
8. _____
9. _____
10. _____
11. _____
12. _____
13. _____
14. _____
15. _____
16. _____
17. _____
18. _____
19. _____
20. _____

Aciertos: _____ /20

2 Recuerda la forma de las frases

Forma frases, como en el ejemplo.

Pedro, la carne / yo, el pescado
A Pedro le gusta la carne, pero yo prefiero el pescado.

1. Yo, el aceite / tú, la mantequilla

   _____

2. Él, el arroz con tomate / ella, la pasta

   _____

3. Vosotros, la carne / yo, el pescado

   _____

4. Usted, el queso / nosotros, el jamón

   _____

5. Tú, el helado de fresa / él, el yogur

   _____

Aciertos: _____ /5

Practica los verbos *gustar* y *preferir*
Contesta negativamente, como en el ejemplo.

¿Le gusta a Juan la carne?   *No, no le gusta. Prefiere el pescado.*

1. ¿Te gustan los espaguetis?   _____ el arroz.
2. ¿Os gusta el café?   _____ el té.
3. ¿Le gustan a Ana las galletas?   _____ los yogures.
4. ¿Le gusta a usted el jamón de York?   _____ el salchichón.
5. ¿Les gustan a ustedes los refrescos?   _____ el agua.

Recuerda los indefinidos
Relaciona las columnas y escribe las frases.

1. Prefiero pedir   a. nadie   1. ligero para comer.
2. Ana prefiere no decirles   b. alguien   2. que tiene coche.
3. Prefiero no ver a   c. algún   3. a sus padres.
4. A Juan le gusta comer   d. alguna   4. manzana a media tarde.
5. Prefieren volver a casa con   e. algo   5. mientras como.
6. De primero, prefiero tomar   f. nada   6. plato vegetariano.

1. _____
2. _____
3. _____
4. _____
5. _____
6. _____

Practica los indefinidos
Completa con *nadie, nada, ningún, ninguno* o *ninguna*.

1. ¿Quieres opinar sobre este plato?   No, prefiero no decir _____
2. ¿Tienes algún cantante favorito?   No, no tengo _____
3. ¿Qué restaurante prefieres?   No sé, no conozco _____ restaurante aquí.
4. ¿Quieres hablar con alguien?   No, prefiero no hablar con _____
5. ¿Te gusta la gastronomía argentina?   No sé, no conozco _____ receta argentina.

6 Reproduce las frases negativas
Completa negativamente y di lo contrario.

1. Tú conoces a mucha gente, pero yo no _____
2. Ana sabe hacer muchas cosas, pero Juan no _____
3. Nosotros tenemos muchos amigos, pero él no _____
4. Pedro tiene alguna amiga china, pero yo no _____
5. Carlos tiene muchas cosas, pero sus primos no _____
6. ¿Tienes hambre? Porque yo no _____
7. Los turistas compran muchos recuerdos, pero yo no _____
8. Mi hija lee muchas novelas, pero tú no _____
9. Ustedes conocen a algunas personas aquí, pero ellos no _____
10. Yo pruebo algunos platos distintos, pero mi padre no _____

Aciertos: _____ /1

7 Reproduce la información
Escucha y marca verdadero o falso. PISTA 10

V F

1. Jaime y María ya están en el mercado. ☐ ☐
2. María invita a unos amigos a cenar. ☐ ☐
3. María también invita a Jaime. ☐ ☐
4. María no sabe qué preparar. ☐ ☐
5. Jaime propone hacer una paella. ☐ ☐
6. A Elena no le gusta la paella. ☐ ☐
7. María necesita marisco. ☐ ☐
8. María también compra pollo y verdura. ☐ ☐
9. María ya tiene arroz. ☐ ☐
10. María va a comprar mucha fruta. ☐ ☐

Aciertos: _____ /1

8 Refuerza las expresiones
Relaciona.

1. A mí no me gusta nada la comida peruana.
2. A nosotros nos gusta cenar en un restaurante los sábados.
3. A mis padres les gusta muchísimo el ceviche.
4. No nos gustan los platos muy fuertes.
5. A Héctor le gusta bastante la comida picante.
6. No me gusta nada este plato.
7. No, no nos gustan las bebidas exóticas.

a. ¿Sí? Pues a mí no, nada. Prefiero quedarme en casa.
b. A los míos también. Lo toman muchas veces
c. A mí sí, está rico, pero es un poco fuerte.
d. A nosotros tampoco. Preferimos un té o un refresco.
e. No, a mí tampoco. Prefiero comer algo más ligero.
f. Pues a mí sí, me parece muy sabrosa y rica.
g. A mí también. Me encantan los chiles y la comida mexicana.

Aciertos: _____ /7

1. **¿Te gusta la dieta vegetariana?**
   a. Bien.
   b. Sí, algo.
   c. Me parece bien.

2. **A mí no me gusta el arroz. ¿Y a ti?**
   a. También.
   b. A mí no.
   c. A mí tampoco.

3. **¿No te gusta la paella?**
   a. No, mucha.
   b. No, nada.
   c. Sí, nada.

4. **¿Qué te parece este restaurante?**
   a. No me gusta.
   b. Me parece poco.
   c. No.

5. **¿Te gusta este restaurante?**
   a. Me gusta nada.
   b. Me parece caro.
   c. Lo prefiero caro.

6. **No me gusta la comida española. Y a ti, ...**
   a. ¿qué te gusta?
   b. ¿qué prefieres?
   c. ¿qué te parece?

Aciertos: _____ /6

TOTAL de aciertos: _____ /74

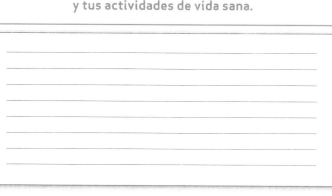

AHORA TÚ
PRODUCCIÓN FINAL

Tu vida sana

Escribe un texto sobre tu dieta
y tus actividades de vida sana.

_____
_____
_____
_____
_____
_____
_____
_____

EJERCICIOS

41

1 Lee estos menús y decide qué menú (o qué menús) le corresponde(n) a cada persona, como en
ejemplo. Hay un menú que no debes seleccionar.

menú del día
1.er plato
Paella
2.º plato
Ensalada mixta

Pan, flan y bebida

1

menú del día
1.er plato
Sopa de verduras
2.º plato
Pollo asado con
patatas fritas

Fruta del tiempo

2

menú del día
1.er plato
Crema de espinacas
2.º plato
Huevos fritos con
patatas

Helado o fruta del
tiempo

3

menú del día
1.er plato
Ensalada mixta
2.º plato
Chuletas de cordero
con patatas

Helado de chocolate

4

menú del día
1.er plato
Ensalada mixta
2.º plato
Pescado a la marinera
con gambas

Helado

5

menú del día
1.er plato
Ensalada mixta
2.º plato
Pescado a la vasca

Tarta de chocolate

6

menú del día
1.er plato
Tortilla de patata
2.º plato
Filete de cerdo con
verduras

Pastel de chocolate

7

menú del día
1.er plato
Sopa de marisco
2.º plato
Filete de merluza con
verdura

Tarta de manzana

8

Hoy no quiero comer patatas ni carne. Tampoco quiero ensalada.
Entonces puedes escoger el menú número 8.

a. Quiero sopa, pero no me gustan las espinacas ni el marisco. Tampoco me gusta el pescado.

b. A mí me gustan el marisco y el pescado, pero no me gustan los huevos ni la carne. Tampoco
quiero flan.

c. A mí me gustan los huevos y el pescado, pero de postre no quiero helado. Prefiero tarta.

d. Me encanta la verdura, pero el marisco y el arroz no me gustan. Tampoco me gusta el cordero

e. A mí me gustan mucho las patatas y de postre algo de chocolate.

3 Completa con los verbos en la forma correcta. Después, relaciona las frases con su foto correspondiente.

1. (Defender, él) _____ a sus clientes.
2. Lo (encender, ellos) _____ para trabajar.
3. Ana siempre las (perder) _____ .
4. Lo (ofrecer, yo) _____ a mis invitados.
5. Siempre lo (obedecer, yo) _____ .
6. Los (poner, yo) _____ en la mochila para clase.
7. Nunca (conducir, yo) _____ rápido.
8. Ana lo (preferir) _____ de chocolate.

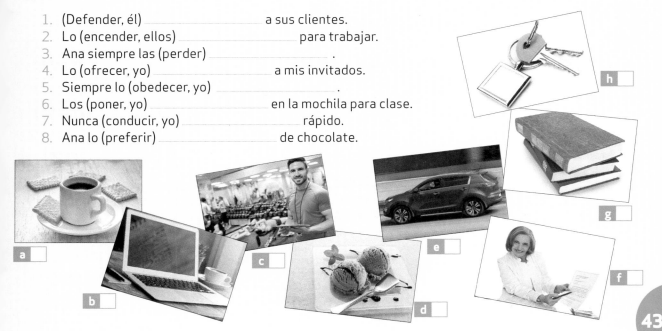

UNIDAD 7
Ir al médico

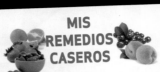

MIS REMEDIOS CASEROS

BLOG
Los mejores remedios caseros para tu familia

- Si te duele la cabeza, tienes tos y frío, seguramente tienes un resfriado, es bueno tomar una infusión caliente con miel.
- Si te pican los ojos después de trabajar con el ordenador, es bueno mirar por la ventana para descansar los ojos.
- Si te duele la espalda cuando te levantas de la cama, es bueno hacer estiramientos.

ASÍ SE HABLA
FUNCIONES
Pedir cita con el médico

1. **Pedir cita**
   - *Quería pedir cita para el miércoles.*
   - *¿A qué hora?*
   - *¿A qué hora tiene consulta el médico?*
   - *Todos los días de 10:00 a 14:00.*

2. **Hablar con el médico**
   - *¿Qué le pasa?*
   - *Me duele mucho la cabeza.*
   - *Tengo dolor de espalda.*
   - *Tengo fiebre/tos.*
   - *Tengo mareos.*

ASÍ ES
GRAMÁTICA
El verbo *doler*

				DOLER
(a mí)	me		el brazo	
(a ti)	te		la cabeza	**(singular)**
(a él, a ella, a usted)	le	duele		
(a nosotros, a nosotras)	nos		los pies	
(a vosotros, a vosotras)	os	duelen	las piernas	**(plural)**
(a ellos, a ellas, a ustedes)	les			

Los verbos *interesar, molestar, encantar* y *fascinar* se construyen como *doler* y *gustar*.

Cuando tenemos opiniones diferentes:
- *Me interesan las novelas policiacas. ¿Y a él?*
- *A él también. ≠ A él no.*
- *No nos interesan las películas de ciencia ficción. ¿Y a ti?*
- *A mí tampoco. ≠ A mí sí.*

la cabeza

el pelo

el ojo

la oreja

la nariz

el cuello

la boca

el brazo

el codo

las manos

el hombro

el pie

los dedos

la muñeca

el tobillo

la pierna

la rodilla

1 **Reconoce los nombres de las partes del cuerpo humano**
Encuentra 15 palabras relacionadas con el cuerpo humano.

```
O D S U F T U H B R A Z O A J I S
D O B O C A O H B A T D C B P E O
E O M N S T I P E I R O A F U S I
D S J M G T A E C H O C R E M P E
O I B O P F I L T L L F A U F A U
P E H O M B R O L P G I A E G L F
A M B T D S S I R P P B M A A D T
T M A N O E B U I A M U Ñ E C A U
I A N S O O H J O I I N S X N G D
P Y I C T R I T N A R I Z V Q E Z
E M J R O D I L L A E D O Y G J C
C U E L L O A T L C A B E Z A J S
A O T Z G N S S C O L O I T S E A
```

1. _____
2. _____
3. _____
4. _____
5. _____
6. _____
7. _____
8. _____
9. _____
10. _____
11. _____
12. _____
13. _____
14. _____
15. _____

Aciertos: _____ /1

2 **Recuerda los nombres de las partes del cuerpo humano**
Relaciona.

1. la cabeza
2. el brazo
3. la pierna

a. el ojo
b. el pie
c. la boca
d. el tobillo
e. la mano
f. el pelo
g. el codo
h. la cara
i. el dedo
j. la oreja
k. la rodilla
l. la muñeca

Aciertos: _____ /12

3 **Recuerda el léxico**
Escribe el nombre de cada parte del cuerpo.

Aciertos: _____ /10

4 **Practica el léxico y el verbo *doler***
Relaciona para formar frases e indica a qué imagen corresponde cada parte del cuerpo.

1. A mí
2. A nosotros
3. A Cristina
4. A ellos
5. A usted
6. A ti
7. A vosotras
8. A María y a Ana
9. A él
10. A ustedes

a. nos duele el estómago. = imagen n.° ☐
b. les duele la rodilla. = imagen n.° ☐
c. te duelen los pies. = imagen n.° ☐
d. me duele la cabeza. = imagen n.° ☐
e. le duele el codo. = imagen n.° ☐
f. os duele la espalda. = imagen n.° ☐

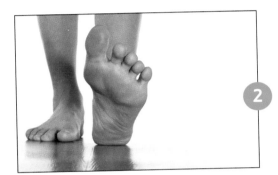

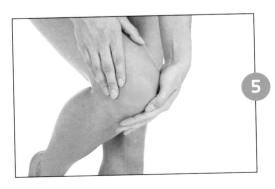

Aciertos: _____ /10

5 Reproduce la información
Contesta a las preguntas.

1. ¿Te duele la cabeza?   Sí, _____

2. ¿Le duelen a Ana los pies?   No, _____

3. ¿Os duele el brazo?   Sí, _____

4. ¿Le molesta a Juan el ruido?   No, _____

5. A usted le fascina la literatura, ¿verdad?   Sí, _____

6. ¿Les duelen a ellos los pies?   Sí, _____

7. ¿Te molestan los perros?   No, _____

8. ¿Os interesan estas noticias?   Sí, _____

9. ¿Les duele a ustedes la espalda?   No, _____

Aciertos: _____ /9

6 Refuerza los verbos
Completa con los verbos en la forma correcta y con los pronombres necesarios.

1. • ¿(Gustar, tú) _____ nadar en el mar?

    • Sí, pero ahora no (poder) _____ porque (doler) _____ el hombro.

2. • ¿(Gustar, vosotros) _____ hacer senderismo?

    • Sí, _____, pero hoy no (poder) _____ caminar porque (doler) _____
    los pies.

3. • ¿(Gustar, usted) _____ leer?

    • Sí, mucho, (encantar) _____, pero ahora no (poder) _____ porque (picar) _____
    _____ los ojos.

4. • ¿(Gustar, Juan y Lola) _____ las películas de acción?

    • (Fascinar, ellos) _____, pero no (poder) _____ ir al cine con nosotros
    porque a Juan (doler) _____ mucho el estómago.

5. • ¿(Interesar, ustedes) _____ la música clásica?

    • Sí, mucho, pero hoy no (querer) _____ escucharla porque (doler) _____ la
    cabeza.

6. • ¿(Gustar, Ana) _____ hacer los ejercicios?

    • Sí, pero ahora no (poder) _____ porque (doler) _____ la muñeca.

Aciertos: _____ /21

Refuerza las expresiones para utilizar con el médico 🎧 PISTA 12
Escucha y responde a las preguntas.

1. • ¿Por qué llama Juan a la secretaria del doctor Romero?
   • _____

2. • ¿Qué le pasa a Ana?
   • _____

3. • ¿Por qué tiene que descansar Juan?
   • _____

4. • ¿Qué le pasa a José?
   • _____

5. • ¿Qué le duele a Alicia? ¿Por qué?
   • _____

Aciertos: _____ /5

Refuerza la comunicación
Completa el diálogo con los verbos en la forma correcta.

> sentir – pasar – tener (x2) – doler (x5) – poder – toser

• Buenos días. ¿Qué le (1) _____?
• Buenos días, doctor. No me (2) _____ bien. Hace días que me (3) _____ la garganta. Por las noches (4) _____ mucho y no (5) _____ dormir bien.
• ¿También le (6) _____ la cabeza?
• No, no me (7) _____ .
• ¿(8) _____ fiebre?
• No lo sé, creo que sí. (9) _____ mucho frío. También me (10) _____ las piernas y los brazos. ¡Me (11) _____ todo el cuerpo!

Aciertos: _____ /11

TOTAL de aciertos: _____ /93

1 2 3 AHORA TÚ
PRODUCCIÓN FINAL ——— **Hablas con el médico**

> Imagina y escribe un diálogo con el médico.

_____
_____
_____
_____
_____
_____
_____
_____

UNIDAD **8**
Describir el carácter

¿Qué tal?
¿Cómo es tu nuevo jefe?

Parece muy serio y exigente,
pero también es muy alegre.

1 ASÍ SE HABLA
FUNCIONES
Hablar del carácter y comparar personas

1. **Describir a una persona**
   - *¿Cómo es tu jefe?*
   - *Es muy simpático.*
   - *Es una persona muy trabajadora.*
   - *Es más amable que su secretaria.*

2. **Describir a una persona por su apariencia**
   - *Elisa parece muy optimista.*
   - *Él parece serio, pero es muy simpático.*

2 ASÍ ES
GRAMÁTICA
Los comparativos y los superlativos

Los comparativos de superioridad e inferioridad

- **Superioridad:** más + adjetivo + que
  Juan es más inteligente que José.
  Ana es más trabajadora que Luis.
- **Inferioridad:** menos + adjetivo + que
  José es menos inteligente que Juan.
  Ana y Luis son menos alegres que ellos.

Los comparativos de igualda

- verbo + tanto como
  Juan trabaja tanto como Ana.
- tan + adjetivo + como
  Juan es tan inteligente como Ana.
- igual de + adjetivo + que
  Juan es igual de inteligente que An

Los comparativos irregulares

- grande > mayor(es)*
  Juan es mayor que Ana.
- pequeño/a > menor(es)*
  Felipe es menor que Juan.
- bueno/a > mejor(es)
  Este pastel es mejor que aquel.
- malo/a > peor(es)
  Esta sopa es peor que esa.

Con personas se refiere a la edad.

El superlativo:
el/la/los/las más, el/la/los/las menos

Juan es el más simpático de todos.
Juan y Ana son los más trabajadores de la oficina.
Lorena es la menos trabajadora de la clase.
Clara y María son las menos trabajadoras de aquí.

El superlativo absoluto:
-ísimo(s), -ísima(s)

- alto/a > altísimo/a
- bueno/a > buenísimo/a
- fácil > facilísimo/a
- elegante > elegantísimo/a

rico/a > riquísimo/a
blanco/a > blanquísimo/a
antiguo/a > antiquísimo/a
amable > amabilísimo
agradable > agradabilísimo

CON ESTAS PALABRAS
LÉXICO
El carácter de una persona

1. Adjetivos de carácter y sus contrarios

- antipático/a ≠ simpático/a
- culto/a ≠ inculto/a
- discreto/a ≠ indiscreto/a
- divertido/a ≠ aburrido/a
- generoso/a ≠ egoísta
- listo/a ≠ tonto/a
- mentiroso/a ≠ sincero/a
- nervioso/a ≠ tranquilo/a
- trabajador/-a ≠ vago/a

- agradable ≠ desagradable
- alegre ≠ triste
- cobarde ≠ valiente
- fiel ≠ infiel
- optimista ≠ pesimista
- responsable ≠ irresponsable
- sensible ≠ insensible
- sociable ≠ tímido

2. Otros adjetivos de carácter

- cariñoso/a
- encantador/-a
- inteligente
- exigente
- amable

1 Reconoce los adjetivos de carácter

Señala en la nube 8 adjetivos que tienen forma distinta para el masculino y el femenino y escribe sus contrarios.

mentiroso

aburrido

egoísta

culto

sensible

sociable

optimista

responsable

generoso

cobarde

simpático

tranquilo

tímido

vago

1. _____
2. _____
3. _____
4. _____
5. _____
6. _____
7. _____
8. _____

Aciertos: _____ /8

2 Reconoce la información

Escucha y completa cómo son estas personas. PISTA 13

1. Juan es _____ , _____ y _____ .
2. El señor López es _____ , _____ e _____ .
3. José y Lola no son _____ , pero son _____ y _____ .
4. Susana y Ana son _____ y _____ , pero a veces son _____ .
5. Isabel no es _____ , es muy _____ .

Aciertos: _____ /14

3 Reconoce la comparación

Relaciona para formar frases.

1. Felipe es más tímido…
2. Juan es tan generoso…
3. Antonio es igual de listo…
4. Luis y José son menos optimistas…
5. Pablo no es tan amable…
6. Cristina trabaja tanto…

a. que Ana.
b. como Ana.

Aciertos: _____ /6

Recuerda los adjetivos
Escribe lo contrario.

1. Juan es muy egoísta.   Al contrario, _____
2. Ana siempre es muy optimista.   Al contrario, _____
3. Estos chicos son muy listos.   Al contrario, _____
4. Elena es muy trabajadora.   Al contrario, _____
5. Los perros son fieles.   Al contrario, _____
6. Tu colega es irresponsable.   Al contrario, _____
7. Este hombre es sincero.   Al contrario, _____
8. Esta chica es aburrida.   Al contrario, _____
9. Tus hermanos son muy tranquilos. Al contrario, _____
10. Son muy valientes.   Al contrario, _____

Aciertos: _____ /10

Practica la comparación de superioridad
Escribe frases, como en el ejemplo.

Juan es inteligente. (Luis, +)   *Sí, pero Luis es más inteligente.*

1. Anabel es trabajadora. (Paula, +)   _____
2. Juan y José son divertidos. (Ana, +)   _____
3. Ellos son generosos. (vosotros, +)   _____
4. Inés y Carmen son alegres. (José y Óscar, +) _____
5. Este niño es cariñoso. (su hermana, +) _____

Aciertos: _____ /5

Practica la comparación de inferioridad
Responde a las preguntas, como en el ejemplo.

¿Es Juan inteligente? (- Ana).   *Sí, pero es menos inteligente que Ana.*

1. • ¿Eres tímido? (- mi hermano)

   • _____

2. • ¿Elena es amable? (- José y Ana)

   • _____

3. • ¿Sois sociables? (- nuestros amigos)

   • _____

4. • ¿Es usted optimista? (- usted)

   • _____

5. • ¿Son antipáticos estos niños? (- aquellos)

   • _____

Aciertos: _____ /5

7 Practica la comparación de igualdad
Expresa la igualdad.

1. Juan es cariñoso. (= Elena)

   _____

2. Trabajas mucho. (= yo)

   _____

3. Ana es divertida. (= sus hermanos)

   _____

4. Ellos aprenden fácilmente. (= vosotros)

   _____

5. Mi primo es exigente. (= tú)

   _____

Aciertos: _____

8 Practica los comparativos irregulares
Completa las frases utilizando el comparativo irregular.

1. Mi abuelo es grande, pero ese hombre es _____
2. Esta niña es pequeña, pero aquella es _____
3. Esta película es buena, pero esa es _____
4. Esta revista es mala, pero aquella es _____

Aciertos: _____ /

9 Practica los superlativos
Responde, como en el ejemplo.

¿Es bueno este libro?   *Sí, es muy bueno. Es buenísimo.*

1. ¿Es inteligente Cristina?   Sí, _____
2. ¿Es fácil este ejercicio?   Sí, _____
3. ¿José y Paco son guapos?   Sí, _____
4. ¿Es alto Juan?   Sí, _____

Aciertos: _____ /4

10 Reproduce las respuestas
Escucha y marca verdadero o falso. Luego, corrige las frases.   PISTA 14

	V	F	Respuesta correcta
1. Ana es la más generosa de sus amigas.	☐	☐	_____
2. Felipe es el más alegre del grupo.	☐	☐	_____
3. Cristina es más trabajadora que Luis.	☐	☐	_____
4. Ellos son tan tímidos como ellas.	☐	☐	_____
5. José es más amable que Lola.	☐	☐	_____

Aciertos: _____ /5

1 **Reproduce la información contraria**
Responde y escribe lo contrario, como en el ejemplo.

¿Es este libro bueno?   *No, es malísimo.*

1. ¿Son antipáticos tus colegas?   No, _____
2. ¿Es moderna tu casa?   No, _____
3. ¿Está Juan alegre hoy?   No, _____
4. ¿Son ellos desagradables?   No, _____
5. ¿Está este pastel malo?   No, _____
6. ¿Son grandes estas flores?   No, _____

Aciertos: _____ /6

2 **Refuerza los comparativos y superlativos**
Subraya la forma correcta.

1. Juan es *menos/el menos* listo de todos.
2. Estudio *tanto que/tanto como* ellos.
3. Esta tarta es *más/la más* rica que esa.
4. Esos coches son *más/los más* rápidos que el mío.
5. Esta chica es *igual de/tanto como* guapa que aquella.
6. Estos cuadros son *más/los más* feos de todos.

Aciertos: _____ /6

TOTAL de aciertos: _____ /78

AHORA TÚ
PRODUCCIÓN FINAL   **Dos conocidos tuyos**

Piensa en dos personas conocidas tuyas
y compáralas.

_____
_____
_____
_____
_____
_____
_____
_____

UNIDAD 9
Hablar de actividades actuales y deportes

Practico baloncesto desde pequeño y, desde hace tres años, estoy jugando en un equipo de mi ciudad. Ahora estamos entrenando para el partido del sábado.

1 ASÍ SE HABLA
FUNCIONES — Hablar de aficiones y deportes

1. **Preguntar e informar sobre aficiones**
   - *¿Qué te gusta hacer en tu tiempo libre?*
   - *Me gusta hacer deporte con mis amigos.*

2. **Preguntar sobre deportes**
   - *¿Practicas algún deporte?*
   - *Sí, juego al fútbol.*
   - *¿Qué deportes practicas?*
   - *Actualmente estoy jugando al baloncesto en un equipo.*
   - *Natación, nado todas las semanas.*

2 ASÍ ES
GRAMÁTICA — *Estar* + gerundio y los pronombres

La frase negativa:
- *¿Estás entrenando?*
- *No, no estoy entrenando ahora.*

ESTAR + gerundio

yo	estoy
tú	estás
él, ella, usted	está
nosotros, nosotras	estamos
vosotros, vosotras	estáis
ellos, ellas, ustedes	están

cantando (verbos en *-ar*)
comiendo (verbos en *-er*)
viviendo (verbos en *-ir*)

Los gerundios irregulares
verbos en *-ir* con cambio vocálico

presente	e›i	gerundio
	• decir > digo, dices…	diciendo
	• pedir > pido, pides…	pidiendo
	• servir > sirvo, sirves…	sirviendo
presente	e›ie	
	• divertir > divierto, diviertes…	divirtiendo
	• sentir > siento, sientes…	sintiendo
presente	o›ue	
	• dormir > duermo, duermes…	durmiendo

Gerundios en -yendo

- ir > yendo
- leer > leyendo
- oír > oyendo
- caer > cayendo
- construir > construyendo
- traer > trayendo

El gerundio con pronombres

- *Estoy leyendo el libro.*
  Lo estoy leyendo./Estoy leyéndolo.
- *Está dando a Ana el regalo.*
  Le está dando el regalo./Está dándole el regalo.
- *Él se está lavando la cara./Él está lavándose la cara.*
  Él se la está lavando./Está lavándosela.

CON ESTAS PALABRAS
LÉXICO — Los deportes y el material deportivo

1. Los deportes

Hacer...

deporte

gimnasia

ejercicio

Practicar/Hacer...

senderismo
(andar)

natación
(nadar)

atletismo
(correr)

ciclismo
(montar en bici)

Jugar al...

tenis

golf

fútbol

baloncesto

2. El material deportivo

el balón de fútbol

el balón de
baloncesto

la pelota
de tenis

la pelota
de golf

la raqueta

los palos de golf

las botas de
senderismo

los esquíes

las gafas
de nadar

la bici de montaña

1 **Reconoce los nombres de los deportes**
Busca en la sopa de letras el nombre de 10 deportes o actividades deportivas y 5 materiales deportivos

```
D E P G N A S E F U
B A L O N C E S T O
O T A L R I N Q E A
T L C F N C D U N F
A E A B A L E I I U
S T A L T I R R S T
G I M N A S I A A B
L S O N C M S Q G O
D M A R I O M U A L
S O A L O T O E F A
B A L O N U R T A D
L T P E L O T A S I
```

1. _____
2. _____
3. _____
4. _____
5. _____
6. _____
7. _____
8. _____
9. _____
10. _____
a. _____
b. _____
c. _____
d. _____
e. _____

Aciertos: _____ /15

2 **Recuerda los nombres de los deportes**
Relaciona cada frase con una foto y escribe el nombre del deporte.

a. Se juega con una raqueta.
b. Se necesita un palo.
c. El balón es blanco y negro.
d. Se practica en una piscina.

e. Se necesitan buenas botas.
f. Se utiliza una bici.
g. Se practica en un gimnasio.
h. Se juega con un balón naranja.

 a _____
b _____
c _____
d _____

 e _____
f _____
 g _____
h _____

Aciertos: _____ /8

Recuerda la forma de los gerundios
¿Qué están haciendo? Escribe las frases.

1. Raquel y Santi _____

2. Roberto _____

3. Marina _____

4. Nosotros _____

5. Yo _____

6. Vosotras _____

Aciertos: _____ /6

4 **Practica e identifica los deportes** PISTA 15
Escucha y responde a las preguntas.

1. ¿Qué deportes le gustan a Ana?
   ¿Y a sus hermanos?
2. ¿Qué deporte practica Juan?
   ¿Y sus amigos?
3. ¿Qué deporte les gusta a José y Lola?
   ¿También le gusta a Cristina?
4. ¿Cuál es el deporte favorito de Felipe?
   ¿Y de María?

Aciertos: _____ /8

5 Practica *estar* + gerundio
Contesta a las preguntas.

1. ¿Qué estás haciendo? (jugar) _____ un partido de fútbol.
2. ¿Qué están haciendo? (correr) _____ un maratón.
3. ¿Qué estáis haciendo? (escribir) _____ un *e-mail*.
4. ¿Qué está haciendo Luis? (preparar) _____ su mochila.
5. ¿Qué están haciendo ustedes? (leer) _____ el horario del gimnasio.
6. ¿Qué está haciendo usted? (ir) _____ a la piscina.
7. ¿Qué estás haciendo? (ver) _____ el partido de fútbol en la tele.

Aciertos: _____

6 Reproduce la información
Escucha y contesta a las preguntas, como en el ejemplo. 🎧 PISTA 16

¿Quién está practicando golf?   *Juan lo está practicando./Juan está practicándol*

1. ¿Quién está ganando el partido de tenis? _____
   _____
2. ¿Quién está viendo el partido en la tele? _____
   _____
3. ¿Quién está haciendo senderismo? _____
   _____
4. ¿Quién está corriendo el maratón? _____
   _____
5. ¿Quién se está poniendo las botas? _____
   _____

Aciertos: _____ /1

7 Refuerza los verbos irregulares en gerundio
Escribe las frases, como en el ejemplo.

(corregir los ejercicios, yo)   *Corrijo los ejercicios.> Estoy corrigiendo los ejercicios.*

1. (dormir la siesta, los niños) _____
   _____
2. (divertirse mucho, nosotros) _____
   _____
3. (repetir la frase, ellos) _____
   _____
4. (vestir a los niños, vosotros) _____
   _____
5. (pedir la cuenta, yo) _____
   _____
6. (servir la comida, el camarero) _____
   _____
7. (decir algo interesante, el profesor) _____
   _____

Aciertos: _____ /14

Refuerza el gerundio con pronombres
Contesta a las preguntas, como en el ejemplo.

¿Quién está preparando la cena? (Luis)   Luis la está preparando./Luis está preparándola.

1. • ¿Está leyendo los resultados del campeonato?
   • (Sí) _____

2. • ¿Está Antonio duchándose?
   • (No) _____

3. • ¿Quién está comprando las gafas de natación?
   • (Cristina) _____

4. • ¿Quién está explicando las reglas del juego?
   • (El entrenador) _____

5. • ¿Están ustedes sirviendo el café?
   • (Los invitados) _____

6. • ¿Se está usted entrenando para el maratón?
   • _____

Aciertos: _____ /12

TOTAL de aciertos: _____ /80

AHORA TÚ
PRODUCCIÓN FINAL

Tu actividad (deportiva) favorita

Piensa en una actividad, puede ser deportiva,
y escribe un texto explicándola.

_____
_____
_____
_____
_____
_____
_____
_____

1 ¿Qué deportes practican? Escucha el diálogo entre dos amigos y selecciona la imagen que corresponde a cada enunciado. Tienes que seleccionar solo cinco imágenes.

PISTA 17

Enunciado	Imagen
1. Ana va a su clase de…	
2. Ana lo practica dos veces a la semana.	
3. Juan va a la montaña en invierno.	
4. En verano Juan lo hace.	
5. Juan lo ve en televisión, pero no lo practica.	

2 Lee el correo electrónico de Susana en el que describe a sus amigos. Después, responde a las pr guntas, marcando la opción correcta.

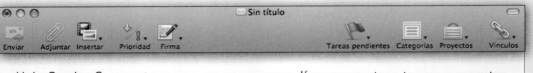

✉ Sin título

Enviar   Adjuntar   Insertar   Prioridad   Firma   Tareas pendientes   Categorías   Proyectos   Vínculos

Hola, Sandra. Como este verano vas a pasar unos días con nosotros, te voy a presentar a mis amigos y así los conoces un poco. Tengo muchos amigos, pero todos son muy diferentes. Luisa, por ejemplo, habla muchísimo y es muy sociable. Puede hablar fácilmente con gente que no conoce. Le encanta conocer nuevas personas y hacer nuevos amigos. Juan también es una persona encantadora y, sobre todo, muy generoso. Nos invita a su casa y, en el bar, muchas veces paga él. En cambio, Felipe no sale mucho con nosotros. Se pasa el tiempo estudiando. Le encanta leer y estudiar cosas nuevas. Sabe muchísimas cosas. ¿Begoña? Uy, Begoña es una mujer muy inteligente, pero nunca habla con nadie. Es un poco especial. En fin, así son mis amigos.

1. Los amigos de Susana son:
   a. muy parecidos   b. muy simpáticos   c. muy diferentes   d. muy altos
2. Luisa es:
   a. tímida   b. cariñosa   c. extrovertida   d. discreta
3. Juan es:
   a. simpático   b. tacaño   c. vago   d. generoso
4. Felipe es:
   a. tonto   b. bien educado   c. culto   d. listo
5. Begoña es:
   a. cobarde   b. tímida   c. simpática   d. grosera

Lee estos nueve anuncios. Después, relaciona siete enunciados con su anuncio. Hay dos anuncios que no debes seleccionar.

Enunciado	Anuncio
1. Terapia teatral para tímidos.	
2. Elección de personal para comunidad de vecinos.	
3. Grupo de amigos interesados en el arte.	
4. Hombre solo y deportista.	
5. Jóvenes deportistas.	
6. Se ofrece para trabajar con tus hijos.	
7. Intercambio lingüístico.	

Grupo de corredores

Si quieres prepararte para el próximo maratón de la ciudad, ven a correr con nosotros. Entrenamos todos los miércoles y los fines de semana. Grupo de jóvenes deportistas de tu ciudad, no importa la edad.

Escuela de idiomas

Buscamos personas nativas para intercambiar conversación con estudiantes extranjeros. Si eres comunicativo y quieres mejorar tu nivel de idiomas, te esperamos en Gran Vía, 5. Completamente gratuito.

b

Tienda de moda

c

Buscamos dependientes simpáticos, elegantes y con capacidad de ventas para nueva tienda del centro de la ciudad. Imprescindible buena presencia y seriedad. Enviar CV a: modoshoy@gmail.com

Curso de comunicación a través del teatro

quieres hacer nuevos amigos, no sabes cómo hablar con ersonas desconocidas, ya está bierto nuestro plazo de matríula. En este curso de comunicación personal, con actividades de teatro y de grupo, vamos aprender a expresarnos. Ven e fórmate.

d

Se busca compañero de piso

Grupo de estudiantes internacionales ofrece dos habitaciones libres en piso compartido. Imprescindible, tolerancia y buena educación.

e

Nuevo en la ciudad

f

Soy nuevo en la ciudad y busco amigos. Simpático, abierto. Me gusta el baloncesto y correr. Busco similar para amistad.

Cuidado de niños

Persona cariñosa, paciente, amante de los niños y con experiencia se ofrece para fines de semana o para las tardes.

g

Reunión de vecinos

Se convoca a todos los vecinos a una reunión extraordinaria el próximo lunes para elegir a los nuevos porteros. Por favor, os rogamos la asistencia de todos.

h

Amigos del museo

Si quieres compartir tus conocimientos, si el arte para ti es importante, el grupo Amigos del Museo de la Ciudad te da la bienvenida. Mañana día de puertas abiertas. Ven a conocernos.

i

UNIDAD 10
Planificar viajes

Mira, este verano podemos ir a México, a Cancún.

Sí, vamos a tomar el sol. Yo voy a descansar y voy a leer mucho.

① ASÍ SE HABLA
FUNCIONES

Hablar de planes y de ideas futuras

1. **Preguntar por los planes futuros**
   - *¿Qué vas a hacer este verano?*
   - *¿Qué planes tienes para la semana que viene?*

2. **Explicar planes y presentar acciones futuras**
   - *Este verano pienso relajarme en la playa.*
   - *La semana que viene voy a visitar a mis padr*

② ASÍ ES
GRAMÁTICA

El futuro próximo: *ir a* + infinitivo
y los pronombres

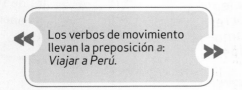

◀ Los verbos de movimiento llevan la preposición *a*: *Viajar a Perú.* ▶

	IR a + infinitivo	
yo	voy	
tú	vas	
él, ella, usted	va	*a* + infinitivo
nosotros, nosotras	vamos	
vosotros, vosotras	vais	
ellos, ellas, ustedes	van	

> **Ir a + infinitivo con pronombres**
>
> - *Voy a comprar el billete.*
>   *Lo voy a comprar./Voy a comprarlo.*
> - *José se va a afeitar.*
>   *José va a afeitarse.*
> - *Me voy a lavar las manos./Voy a lavarme las manos.*
>   *Me las voy a lavar./Voy a lavármelas.*

CON ESTAS PALABRAS
LÉXICO — Los viajes

1. Medios de transporte, lugares, objetos y personas

el aeropuerto

la estación (de trenes)

la estación (de autobuses)

la agencia de viajes

el avión

el tren

el autobús

el billete

la tarjeta de embarque

el hotel

la casa rural

el albergue

el conductor

la azafata/auxiliar de vuelo

el piloto

la maleta

la mochila

el equipaje

2. Verbos y sustantivos abstractos

- organizar > la organización
- reservar > la reserva
- llegar > la llegada
- despegar > el despegue
- ir > la ida
- alquilar > el alquiler
- viajar > el viaje
- volar > el vuelo
- salir > la salida
- aterrizar > el aterrizaje
- volver > la vuelta
- facturar > la facturación

> El vuelo sale con antelación.
> ≠
> El vuelo sale con retraso.

> - Salir de viaje/vacaciones/Madrid.
> - Llegar de viaje/vacaciones/Madrid.
> - Llegar a Madrid.

1 **Reconoce el léxico de los viajes**
Busca en la sopa de letras 18 palabras relacionadas con los viajes.

E	A	D	U	A	N	A	S	T	E	V	E	R	A	P
N	L	O	O	E	Q	U	I	P	A	J	E	S	V	A
D	B	E	S	E	A	A	M	O	S	U	E	N	I	S
A	E	R	O	P	U	E	R	T	O	A	S	S	S	A
M	R	U	A	I	T	M	Y	R	F	E	T	L	A	P
I	G	B	V	L	O	O	C	E	E	S	A	V	D	O
A	U	I	I	O	B	C	O	N	D	U	C	T	O	R
C	E	L	O	T	U	H	A	M	C	I	I	O	N	T
E	S	L	N	O	S	I	B	A	U	E	O	N	V	E
I	A	E	J	E	M	L	U	L	Y	F	N	E	L	I
H	O	T	E	L	Z	A	G	E	N	C	I	A	E	S
T	A	E	N	C	I	A	Y	T	H	A	S	T	A	L
A	Z	A	F	A	T	A	A	A	V	U	E	L	T	A

1. _____
2. _____
3. _____
4. _____
5. _____
6. _____
7. _____
8. _____
9. _____
10. _____
11. _____
12. _____
13. _____
14. _____
15. _____
16. _____
17. _____
18. _____

Aciertos: _____ /1

2 **Reconoce las frases posibles**
Relaciona y forma todas las frases posibles.

1. Juan sale
2. Ana llega

- de
- con
- a

- Toledo mañana.
- antelación al aeropuerto.
- vacaciones.
- viaje.
- retraso a todas partes.
- las 9:00.

1. _____
2. _____
3. _____
4. _____
5. _____
6. _____
7. _____
8. _____
9. _____
10. _____
11. _____
12. _____

Aciertos: _____ /12

Recuerda la forma del verbo *ir* para expresar futuro próximo
Completa las frases utilizando el mismo verbo en el futuro próximo.

1. Voy a la playa todos los días, pero hoy _____ de compras.
2. Generalmente viajamos en avión, pero esta vez _____ en tren.
3. Normalmente cenamos con ellos en un restaurante mexicano, pero esta noche, _____
   en un restaurante español.
4. Cada año José pasa el verano en Asturias, pero este año _____ lo en Andalucía.
5. Cada viernes salgo con María, pero esta semana, _____ con Felipe.

Aciertos: _____ /5

Recuerda la posición de los pronombres con el futuro próximo
Responde a las preguntas de dos maneras diferentes, como en el ejemplo.

¿Vas a vestirte ahora?   *Sí, voy a vestirme ya./Sí, me voy a vestir ya.*

1. ¿Juan va a ducharse?   Sí, _____
                                             Sí, _____
2. ¿Vais a levantaros temprano?   No, _____
                                             No, _____
3. ¿Va a presentarse usted al examen?   No, _____
                                             No, _____
4. ¿Vas a ponerte elegante para la fiesta?   Sí, _____
                                             Sí, _____
5. ¿Va usted a acostarse tarde?   No, _____
                                             Sí, _____

Aciertos: _____ /10

Practica *ir a* + infinitivo
Pon las frases siguientes en el futuro próximo.

1. Compramos los billetes de tren. _____
2. No viajan en avión. _____
3. Visitáis los sitios arqueológicos. _____
4. Reservo una habitación. _____
5. No alquilan una casa rural. _____
6. El avión despega dentro de poco. _____
7. El tren llega con retraso. _____
8. No voy a Barcelona. _____
9. Pedimos el visado para ir a China. _____
10. Recogen el equipaje. _____

Aciertos: _____ /10

6 **Practica el presente y el futuro próximo**
Completa con los verbos en la forma y el tiempo adecuados.

1. Normalmente, Ana (comprar) _____ los billetes a última hora, pero esta vez, los (comprar) _____ antes de ir a la estación.
2. (Soler, yo) _____ viajar con una sola maleta, pero (llevar) _____ otra más grande porque, si no, no (poder) _____ llevar la ropa de esquiar.
3. Por lo general, (llamar, nosotros) _____ a Guadalupe cada fin de semana, pero esta semana la (llamar) _____ el jueves, porque se (ir, ella) _____ de vacaciones.
4. Cada año, (viajar, ellos) _____ a una región diferente. Este verano (alquilar, ellos) _____ una casa rural en Sevilla porque (pasar) _____ las vacaciones en Andalucía.

Aciertos: _____

7 **Practica *ir a* + infinitivo con los pronombres**
Responde a las preguntas de dos maneras diferentes, como en el ejemplo.

¿Te vas a comprar el billete de avión hoy?   Sí, voy a comprármelo./Sí, me lo voy a comprar.

1. ¿Te vas a llevar la mochila?
   _____
2. ¿Os vais a comprar una guía turística de Roma?
   _____
3. ¿Nos van a dar el visado?
   _____
4. ¿Se van a poner ustedes el cinturón de seguridad antes del aterrizaje?
   _____

Aciertos: _____

8 **Reproduce las preguntas**
Formula las preguntas.

1. _____ Sí, voy a comprar el billete de ida y vuelta.
2. _____ No, no vamos a facturar las maletas ahora.
3. (Usted) _____ Sí, voy a pasar la aduana.
4. _____ No, no van a alquilar un coche.

Aciertos: _____

9 **Reproduce la información**
Completa el diálogo utilizando el futuro próximo sin repetir el objeto directo, como en el ejemplo.

• *Normalmente, Juan compra con antelación sus billetes de tren, pero mañana no.*
• *¿Por qué no los va a comprar con antelación?*
• *(No conocer la fecha exacta) Pues no va a comprarlos con antelación porque no conoce la fecha exacta de su viaje.*

1. • Habitualmente, llamo a mis padres cada sábado a las 18:00, pero hoy no.
   • ¿Por qué (tú) _____?
   • (Ir al aeropuerto) _____
2. • Por lo general, viajamos en tren, pero esta vez no.
   • ¿(Vosotros) _____?
   • (Alquilar un coche) _____

3. • Habitualmente, reservamos una habitación en un hotel, pero esta vez no.
   • ¿(Ustedes) _____?
   • (Ir a un albergue) _____.
4. • Cada año os mando postales, pero este verano no.
   • ¿(Tú) _____?
   • (Mandar fotos por Internet) _____.
5. • Por lo general, van de vacaciones en agosto, pero este año no.
   • ¿_____?
   • (Ir a esquiar en febrero) _____.

Aciertos: _____ /10

Refuerza la comunicación
Escucha y responde a las preguntas. (PISTA 18)

¿Cuándo va a comprar el billete para Chile? *Va a comprarlo esta tarde.*

1. ¿Va a comprar Juan una guía de Argentina? _____
2. ¿Cuándo va Ana a buscar el visado? _____
3. ¿Qué va a hacer Lola con las maletas? _____
4. ¿Por qué van a visitar el museo? _____
5. ¿Cuándo va a reservar las habitaciones? _____

Aciertos: _____ /5

Refuerza tu vocabulario
Escribe el sustantivo correspondiente a cada verbo.

1. alquilar > _____
2. aterrizar > _____
3. despegar > _____
4. facturar > _____
5. ir > _____
6. llegar > _____

7. organizar > _____
8. reservar > _____
9. salir > _____
10. viajar > _____
11. volar > _____
12. volver > _____

Aciertos: _____ /12

TOTAL de aciertos: _____ /105

1 2 3 **AHORA TÚ**
PRODUCCIÓN FINAL ——— Tus **próximas vacaciones**

Piensa en tus próximas vacaciones, ¿qué planes
tienes? Explícalos.

_____
_____
_____
_____
_____
_____
_____
_____
_____

UNIDAD 11
Hablar de las vacaciones

¿Qué tal el fin de semana?

Genial. He ido a Sevill...
Ha sido fantástico.

¿Y tú, dónde has estado?

He ido a la montaña y he hecho muchas fotos. ¿Quieres verlas?

---

1 · ASÍ SE HABLA
FUNCIONES — Hablar de las actividades realizadas

- **Preguntar e informar de actividades realizadas**
  - ¿Has estado alguna vez en España?
  - Sí, he estado muchas veces.
  - No, no he estado nunca.

  - ¿Cuándo has ido a la playa por última vez?
  - Este verano.

  - ¿Cuántas veces has viajado a Barcelona?
  - He viajado una vez/dos veces.
  - Nunca he ido a Barcelona.

  - ¿Qué habéis hecho estas vacaciones?
  - Hemos ido a Andalucía.

---

2 · ASÍ ES
GRAMÁTICA — El pretérito perfecto compuesto

Los participios de los verbos en -ar son regulares.

	HABER + participio		
yo	he		
tú	has	viajado	(verbos en -ar)
él, ella, usted	ha	comido	(verbos en -er)
nosotros, nosotras	hemos	vivido	(verbos en -ir)
vosotros, vosotras	habéis		
ellos, ellas, ustedes	han		

Los participios irregulares

- hacer › hecho
- poner › puesto
- romper › roto
- escribir › escrito
- ver › visto
- volver › vuelto
- abrir › abierto
- decir › dicho
- descubrir › descubierto
- resolver › resuelto
- morir › muerto

◄◄ Los verbos derivados se forman igual:
deshacer › deshecho
disponer › dispuesto
devolver › devuelto
describir › descrito ►►

Uso del pretérito perfecto compuesto

1. Se usa para indicar una acción pasada que ha tenido lugar en un periodo en el que todavía estamos.
Va con: hoy, esta semana, este mes, este año...
> Hoy he comido una manzana.
> Esta semana no he visto a Juan.
> Este mes he comprado muchos libros.
> Este año hemos viajado mucho.

2. También se usa para hablar de una acción pasada que tiene una consecuencia directa sobre el presente.
Va con: últimamente, alguna vez, ya, todavía/aún no, nunca, jamás...
> No he llamado a María últimamente.
> • ¿Ya ha salido el avión para Bogotá?
> • Sí, ya ha salido.
> • No, todavía no ha salido.
> • ¿Has ido alguna vez a Salamanca?
> • Sí, he ido muchas veces.
> • No, nunca he estado allí.

CON ESTAS PALABRAS
LÉXICO

Las vacaciones

Actividades de vacaciones

visitar un museo

jugar en la piscina

tomar el sol

hacer surf

pasear

leer

hacer fotos

recorrer una ciudad

dormir la siesta

hacer una excursión

Objetos

la guía

la tabla de surf

la toalla

la sombrilla

las gafas de sol

la crema solar

la cámara

las chanclas

71

1 Reconoce los participios
Escribe el infinitivo de los siguientes participios.

1. _____
2. _____
3. _____
4. _____
5. _____
6. _____
7. _____
8. _____
9. _____
10. _____
11. _____
12. _____
13. _____
14. _____
15. _____
16. _____

visto
vuelto
hablado
hech
dicho
roto
viajado
vivido
muerto
puesto
resuelto
comido
salido
escrito
abierto
bebido

Aciertos: _____ /

2 Recuerda la forma del pretérito perfecto compuesto
Completa las frases utilizando el mismo verbo en pretérito perfecto compuesto.

1. Todos los días come con sus compañeros, pero hoy _____ con Pablo.
2. Siempre salgo de casa a las 8:00, pero hoy _____ a las 9:00.
3. Todas las semanas vamos al cine, pero esta semana _____ al teatro.
4. Cada mes visito a mis abuelos, pero este mes no los _____ .
5. Suelen viajar solos, pero este año _____ con un grupo.
6. En mi ciudad hace mucho frío en invierno, pero últimamente no _____ frío.
7. Normalmente no escribo SMS en el trabajo, pero hoy _____ varios.

Aciertos: _____

3 Recuerda el pretérito perfecto compuesto y el adverbio *aún* o *todavía*
Responde negativamente, como en el ejemplo.

¿Sabes si viene María? (llamar) — *No, aún (todavía) no la he llamado.*

1. ¿Ya conoces esta región? (visitar) — No, _____
2. ¿Has preparado ya el regalo de Juan? (envolver) — No, _____
3. ¿Habéis mandado la carta? (escribir) — No, _____
4. ¿Conoces ya el nuevo restaurante? (ver) — No, _____

Aciertos: _____

Recuerda el pretérito perfecto compuesto y los adverbios *también* y *tampoco*
Responde a las preguntas, como en el ejemplo.

Ya he visitado ese museo. ¿Y tú?   *Yo también lo he visitado.*
Todavía no/Nunca he visitado ese museo. ¿Y tú?   *Yo tampoco lo he visitado.*

1. Ya he resuelto el problema. ¿Y tú? _____
2. Nunca he visitado esta región. ¿Y usted? _____
3. Aún no hemos llamado a Luis. ¿Y ustedes? _____
4. Luis ya ha vuelto de viaje. ¿Y Ana? _____
5. Juan nunca ha roto nada. ¿Y José? _____
6. He hecho ya las maletas. ¿Y vosotros? _____
7. Todavía no he reservado la habitación. ¿Y tú? _____
8. Nunca he visto esta película. ¿Y usted? _____

Aciertos: _____ /8

Practica las preguntas y las respuestas
Completa con los verbos en la forma correcta y responde a las preguntas.

1. • ¿(Leer, tú) _____ alguna vez una novela de Cervantes? (ninguna)
   • _____

2. • ¿(Visitar, usted) _____ este museo? (todavía no)
   • _____

3. • ¿(Resolver, tú) _____ el problema? (aún no)
   • _____

4. • ¿(Estar, vosotros) _____ alguna vez en Grecia? (jamás)
   • _____

5. • ¿(Hacer, ustedes) _____ ya esta excursión? (sí)
   • _____

6. • ¿(Volver, ellos) _____ de viaje? (todavía no)
   • _____

Aciertos: _____ /12

Practica las respuestas con los pronombres
Responde a las preguntas sin repetir el objeto directo, como en los ejemplos.

¿Ya has comprado <u>el billete</u>?   *Sí, ya lo he comprado./No, aún (todavía) no lo he comprado.*
¿Ya has llamado <u>a Ana</u>?   *Sí, ya la he llamado./No, aún (todavía) no la he llamado.*

1. ¿Ya has comprado la crema solar?   Sí, _____
2. ¿Ya ha comprado la guía turística?   No, _____
3. ¿Ya habéis escrito el correo electrónico?   Sí, _____
4. ¿Ya han reservado las habitaciones?   No, _____
5. ¿Ya te has comprado la raqueta?   Sí, _____
6. ¿Ya os han dicho el nombre del hotel?   Sí, _____
7. ¿Ya has puesto las gafas de sol en el bolso?   No, _____
8. ¿Ya has leído el artículo sobre Guatemala?   Sí, _____

Aciertos: _____ /8

7 Reproduce la información
¿Qué han hecho? Escucha y responde a las preguntas.

PISTA
19

1. • ¿Ha visto Anabel a Carlos esta semana?
   • _____

2. • ¿Dónde ha estado Carlos?
   • _____

3. • ¿Con quién ha ido?
   • _____

4. • ¿Qué ha hecho Lola?
   • _____

5. • ¿Y Juan?
   • _____

6. • ¿Ha estado Carlos en la catedral?
   • _____

7. • ¿Qué han hecho por las noches?
   • _____

8. • Y Anabel, ¿qué ha hecho esta semana?
   • _____

Aciertos: _____ /8

8 Reproduce un texto
Completa el texto con los verbos siguientes en la forma adecuada.

> leer - levantarse - seguir - comprar - ir - mirar - indicar - jugar - encontrarse
> perderse - dormir - decidir - llegar - desayunar - comer

Hoy, Juan y Ana (1) _____ ir de excursión a un parque natural. (2) _____ a las 7:00 de la mañana y (3) _____ pan con mermelada. Después, (4) _____ unos bocadillos y agua en un supermercado.

Primero (5) _____ en coche hasta la entrada del parque. Allí (6) _____ el recorrido en el mapa, y (7) _____ el sendero indicado. A las 14:00 (8) _____ los bocadillos junto a la orilla del lago. Después, (9) _____ la siesta y Ana (10) _____ con su perro.

De vuelta a casa, (11) _____ mal las instrucciones y (12) _____ durante dos horas.

Por suerte, (13) _____ con otros excursionistas que les (14) _____ el camino correcto. (15) _____ a casa muy cansados.

Aciertos: _____ /15

Refuerza el aprendizaje

¿Ser o estar? Completa con el verbo adecuado en pretérito perfecto compuesto.

1. Hoy _____ un día muy agradable.
2. Este invierno las temperaturas _____ muy bajas.
3. La conferencia no _____ muy interesante.
4. Ana _____ enferma varias veces este año.
5. Mis hermanos _____ fuera de casa todo el día.
6. Esta semana _____ muy difícil para los niños.
7. Esta semana Carlos y yo _____ de viaje.

Refuerza la comunicación

Aciertos: _____ /7

Selecciona la opción adecuada.

1. **Quiero tomar el sol.**
   a. Voy al cine.
   b. Voy a casa.
   c. Voy a la playa.

2. **Para evitar problemas con el sol, compro… en la farmacia.**
   a. agua.
   b. una toalla
   c. crema solar

3. **Compramos una guía para…**
   a. leer una novela.
   b. recorrer un país.
   c. descansar.

4. **Me gusta hacer deporte en la playa. Compro…**
   a. una guía.
   b. una sombrilla.
   c. una tabla de surf.

5. **Vamos a la playa. Para protegernos del sol, llevamos…**
   a. unas chanclas.
   b. una sombrilla.
   c. una toalla.

6. **A Teresa le gusta la cultura. Cuando viaja, …**
   a. toma el sol en la playa.
   b. visita todos los museos.
   c. duerme la siesta.

Aciertos: _____ /6

TOTAL de aciertos: _____ /91

1 2 3 AHORA TÚ
PRODUCCIÓN FINAL — Tus vacaciones pasadas

> Escribe un texto contando tus vacaciones pasadas: ¿qué has hecho estas vacaciones?

UNIDAD 12
Describir en pasado

Cuando era niña, vivía en la ciudad, pero los fines de semana iba al pueblo de mis abuelos. Allí, todo era diferente. Me gustaba mucho. Todavía recuerdo los niños con los que jugaba o el río al que íbamos y en el que nos bañábamos en verano. Era una época muy feliz, no tenía ninguna preocupación.

1 ASÍ SE HABLA
FUNCIONES

Describir personas, lugares y cosas en el pasado

Solo con personas:
con el/la que = con quien
para el/la que = para quien
del/de la que = de quien
con los/las que = con quienes
para los/las que = para quienes
de los/las que = de quienes

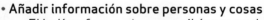

- **Añadir información sobre personas y cosas**
  - El bolígrafo con el que escribía era azul.
  - La chica con la que jugaba era mi prima.
  - El pueblo en el que vivíamos era pequeño.
  - El hombre del que estoy hablando era mi abuelo.
  - El niño para el que compraba el regalo era su hijo.
  - La terraza desde la que te llamo está en la plaza Mayor.

2 ASÍ ES
GRAMÁTICA

El pretérito imperfecto

Hay mucha gente en la plaza.
> Ayer había mucha gente.

	CANTAR	COMER	VIVIR
yo	cantaba	comía	vivía
tú	cantabas	comías	vivías
él, ella, usted	cantaba	comía	vivía
nosotros, nosotras	cantábamos	comíamos	vivíamos
vosotros, vosotras	cantabais	comíais	vivíais
ellos, ellas, ustedes	cantaban	comían	vivían

Usos del imperfecto

Se usa para:
1. describir en el pasado.
2. hablar de una acción que se repite.

Verbos irregulares

	IR	SER	VER
yo	iba	era	veía
tú	ibas	eras	veías
él, ella, usted	iba	era	veía
nosotros, nosotras	íbamos	éramos	veíamos
vosotros, vosotras	ibais	erais	veíais
ellos, ellas, ustedes	iban	eran	veían

CON ESTAS PALABRAS
LÉXICO — Los paisajes y el clima

1. Los paisajes

la playa

la ola

la arena

el mar

la montaña

el bosque

el cielo

la isla

el lago

el desierto

el río

el volcán

la flor

el árbol

la hoja

« la flora = la vegetación
la fauna = los animales »

2. El clima: adjetivos y sustantivos

- continental > el continente
- desértico > el desierto
- ecuatorial > el ecuador
- mediterráneo > el mar Mediterráneo
- oceánico > el océano
- tropical > el trópico

- caluroso > el calor
- húmedo > la humedad
- lluvioso > la lluvia
- nublado > la nube
- seco > la sequía
- soleado > el sol
- tormentoso > la tormenta

1 Reconoce las palabras

Escribe el sustantivo correspondiente, como en el ejemplo.

soleado   el sol

1. lluvioso   _____
2. desértico   _____
3. oceánico   _____
4. continental   _____
5. ecuatorial   _____
6. caluroso   _____
7. húmedo   _____
8. nublado   _____
9. seco   _____

Aciertos: _____ /

2 Reconoce los paisajes

¿Quién soy? Lee, adivina y escribe el nombre adecuado.

1. Tengo hojas.   Soy _____
2. Soy azul o gris según el tiempo.   Soy _____
3. La gente que practica *windsurf* me necesita.   Soy _____
4. Soy el conjunto de todas las plantas.   Soy _____
5. Soy muchos árboles.   Soy _____
6. Vivo sola en medio del agua.   Soy _____
7. Siempre estoy en las playas y desiertos.   Soy _____
8. Soy el conjunto de todos los animales.   Soy _____

Aciertos: _____ /8

3 Reconoce la información

Escucha y marca verdadero o falso.
Luego, corrige las respuestas falsas. PISTA 20

                                      V   F

1. José jugaba en la calle con sus amigos. ☐ ☐ _____
2. A Ana le gustaba estudiar por la noche. ☐ ☐ _____
3. Juan veía mucha tele porque le gustaban

   los documentales. ☐ ☐ _____
4. Lola y Ana hacían mucho deporte. ☐ ☐ _____

Aciertos: _____ /4

Recuerda la forma del imperfecto

Completa las frases con los verbos en la forma correcta del pretérito imperfecto.

1. Cuando yo (ser) _____ pequeño, (vivir) _____ en Barcelona, pero mi hermano (estudiar) _____ en Inglaterra.

2. Ayer, el sol (brillar) _____ y (hacer) _____ mucho calor. No (hacer) _____ viento y el aire (ser) _____ caliente.

3. (Haber) _____ mucha gente en la playa: unos (bañarse) _____, otros (tomar) _____ el sol.

4. El lago al que (ir, nosotros) _____ cada año (ser) _____ muy grande. (Quedarse, nosotros) _____ allí todo el verano.

5. (Ver, vosotros) _____ a vuestros amigos todos los días cuando (salir) _____ del colegio. (Vivir, vosotros) _____ todos en el mismo barrio.

Aciertos: _____ /16

Practica la forma y el uso del imperfecto

Completa los textos con el verbo adecuado en el pretérito imperfecto.

> quedarse - levantarse - tener - ser - hacer - despertar - ducharse

1. Cuando yo _____ niño, _____ una vida muy tranquila. Todos los días _____ lo mismo. Cada mañana, mi madre nos _____ a las 7:30. Primero _____ mi hermano mayor. Yo siempre _____ en la cama unos minutos más mientras mi hermano _____.

> vestirse - ir - subir - empezar - llevar - ponerse - lavarse - desayunar

2. Después de ducharme, _____ (siempre _____ vaqueros). Luego, _____ a la cocina. _____ todos juntos, _____ los dientes y mis hermanos y yo _____ al coche. Mi padre nos _____ al colegio porque mi madre _____ a trabajar antes.

> salir - sentarse - montar - estar - vivir - volver - merendar - haber - correr

3. Después del colegio, (yo) _____ a casa con mi amigo Juan, que _____ en la misma calle. (Nosotros) _____ un bocadillo en su casa y luego _____ a jugar con los amigos. _____ en bici, _____ detrás de un balón, y cuando _____ cansados, _____ en el banco que _____ delante de mi casa.

> ser - ayudar - sacar - encantar - volver - gustar - hacer - entender

4. A las 19:00 _____ a nuestras casas. (Yo) _____ los deberes y mi hermano me _____ con las Matemáticas porque no me _____ nada y nunca _____ los ejercicios. En cambio, me _____ la Historia. _____ mi asignatura favorita y _____ muy buenas notas.

Aciertos: _____ /32

79

6. Practica el imperfecto y los relativos
Transforma las frases, como en el ejemplo.

Vivo en una casa. (el campo)   *La casa en la que vivía estaba en el campo.*

1. Ana trabaja en una tienda. (en el centro) _____
2. Seguimos un sendero. (muy largo) _____
3. Hablo de un hotel. (muy caro) _____
4. Coméis en un restaurante. (muy bueno) _____
5. Hablan con unos hombres. (cubanos) _____
6. Te llamo desde la calle. (muy ruidosa) _____
7. Juan está en un *camping*. (cerca del mar) _____
8. Nos hablan de unas chicas. (simpáticas) _____
9. Voy al cine con un amigo. (chileno) _____
10. Pasamos por un pueblo. (pequeño) _____

Aciertos: _____ /

7. Reproduce la información
Escucha y responde a las preguntas: ¿Dónde vivían? ¿Cómo era el clima? ¿Qué hacían? 🎧 PISTA 21

1. Carmen _____
2. Felipe _____
3. Guadalupe _____
4. Pedro y Anabel _____

Aciertos: _____

8. Refuerza el vocabulario
Subraya la opción correcta en cada caso.

1. Un clima desértico es un clima *húmedo/tropical/seco*.
2. Un clima mediterráneo es un clima *lluvioso/templado/tropical*.
3. Un cielo sin nubes es un cielo *tormentoso/lluvioso/soleado*.
4. Un clima tropical es un clima *frío/caluroso/tormentoso*.

Aciertos: _____

9. Refuerza los usos del pretérito perfecto compuesto y el imperfecto
Completa las frases con los verbos en la forma correcta del perfecto compuesto o del imperfecto

1. Esta mañana (ponerse, yo) _____ un jersey porque (hacer) _____ frío.
2. Esta semana no (nevar) _____, por eso no (poder, ellos) _____ esquiar.
3. Hoy, cuando (llegar, yo) _____ a casa, no (haber) _____ nadie.
4. El libro que (acabar, yo) _____ esta mañana me (parecer) _____ muy interesant

Aciertos: _____

Refuerza los relativos con preposición
Marca la opción correcta para formar una frase.

1. El pueblo
   a. del que
   b. de quien
   c. en el que

   estamos es muy bonito.

2. Los amigos
   a. con que
   b. con quienes
   c. para los que

   jugaba mi hermana eran italianos.

3. El hotel
   a. en el que
   b. desde el que
   c. el que

   te llamo es muy moderno.

4. La chica
   a. de quien
   b. para la que
   c. de la que

   he comprado estas flores es mi novia.

5. El hombre
   a. con el que
   b. de que
   c. para el que

   Ana está hablando es guía turístico.

Aciertos: _____ /5

TOTAL de aciertos: _____ /100

AHORA TÚ
PRODUCCIÓN FINAL — **Tu infancia**

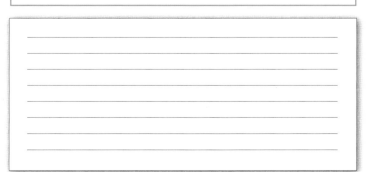

Escribe un breve texto explicando dónde vivías, con quién y qué te gustaba hacer cuando eras pequeño.

_____
_____
_____
_____
_____
_____
_____

1 ¿Futuro próximo, pretérito perfecto compuesto o pretérito imperfecto? Completa las pregun
con los verbos en la forma correcta y responde a las preguntas.

1. • ¿(Ir, tú) _____ a Argentina en tus próximas vacaciones?
   • No, ya _____ varias veces y prefiero cambiar.

2. • ¿(Estar, vosotros) _____ alguna vez en Salamanca?
   • No, aún no _____, pero _____ el próximo fin de semana.

3. • ¿(Vivir, ellos) _____ en España cuando eran niños?
   • No, no _____ aquí, _____ en Colombia.

4. • ¿Dónde estás? ¿Ya (llegar) _____ a casa?
   • No, todavía no _____.

5. • ¿Cuándo (comprar, ustedes) _____ sus billetes de tren?
   • Ya los _____ esta mañana.

2 Clasifica estas palabras.

1. la arena

2. el cine

3. las plantas

4. el avión

5. el mar

6. la maleta

7. el concierto

8. las chanclas

9. las flores

10. el río

11. la sombrilla

12. el teatro

13. el equipaje

14. los árboles

15. el sol

16. el museo

17. la facturación

18. el metro

la playa	el bosque	la ciudad	el aeropuerto

1. Antonio ha comprado…

a   b   c   d

2. Este verano Ana no ha ido…

a   b   c   d

3. ¿Qué tiempo ha hecho durante las vacaciones de José?

a   b   c   d

4. Pablo ha vuelto de vacaciones en…

a   b   c   d

UNIDAD 13
Contar la historia

Colón llegó a América el 12 de octubre de 1492. Viajaron en tres barcos: la Pinta, la Niña y la Santa María. Navegaron durante mucho tiempo. Un día, un marinero vio una isla y gritó: «¡Tierra a la vista!». Cuando Colón volvió a España, informó de su viaje a los Reyes Católicos.

① ASÍ SE HABLA
FUNCIONES — Hablar de eventos pasados

- **Preguntar e informar sobre acciones pasadas**
  - ¿Cuándo llegó Colón a América?
  - Llegó en 1492.

  - ¿Saliste al parque ayer?
  - No, ayer me quedé en casa. Salí el sábado.

② ASÍ ES
GRAMÁTICA — El pretérito perfecto simple

	Verbos regulares		
	VIAJAR	**VOLVER**	**DESCUBRIR**
yo	viajé	volví	descubrí
tú	viajaste	volviste	descubriste
él, ella, usted	viajó	volvió	descubrió
nosotros, nosotras	viajamos	volvimos	descubrimos
vosotros, vosotras	viajasteis	volvisteis	descubristeis
ellos, ellas, ustedes	viajaron	volvieron	descubrieron

Verbos de cambio ortográfico (*yo*)

- Verbos en *–gar*:
  llegar > llegué
- Verbos en *–zar*:
  comenzar > comencé
- Verbos en *–car*:
  explicar > expliqué

Para hablar de una acción pasada que tuvo lugar en un periodo en el que ya no estamos se usa el pretérito perfecto simple.

Va con: ayer, anoche, la semana pasada, el mes/año/siglo pasado, en + año, hace + tiempo.

Ayer, el profesor nos explicó cómo empezó la II Guerra Mundial.
La semana pasada eligieron un nuevo presidente en Argentina.
En 1971 Pablo Neruda recibió el Premio Nobel de Literatura.
Hace dos años, Ana y Luis viajaron por América Latina.

◄◄
La tilde (´) es muy importante:
viajo = persona *yo* del presente de indicativo
viajó = persona *él/ella/usted* del pretérito perfecto simple
►►

◄◄
Los verbos con dos vocales seguidas en el infinitivo llevan *y* en la 3.ª persona del singular y del plural:
• creer > creyó, creyeron
• leer > leyó, leyeron
• oír > oyó, oyeron
• construir > construyó, construyeron
►►

CON ESTAS PALABRAS
LÉXICO
Los acontecimientos históricos

Los romanos conquistaron España en el 218 a. C.

En la Edad Media se construyeron muchos castillos.

Los árabes vivieron en España ocho siglos, del 711 al 1492.

La guerra entre árabes y cristianos acabó en 1492.

Colón viajó en tres barcos y llegó a América en 1492.

Los incas organizaron un gran imperio en Sudamérica durante tres siglos.

Los aztecas gobernaron México y construyeron grandes pirámides.

Cervantes escribió el *Quijote* y se publicó en 1605.

1 **Reconoce las formas del pretérito perfecto simple**

Encuentra en la sopa de letras 21 formas del pretérito perfecto simple. Clasifícalas según la persona y escribe el infinitivo correspondiente.

```
E  J  E  V  I  S  T  E  R  C  O  M  E  N  C  E  H  M  E  L
L  C  O  C  S  E  R  U  L  D  X  T  C  M  W  C  A  Y  O  G
C  O  E  Ñ  V  B  A  L  E  Y  O  E  A  R  E  M  Z  O  N  C
O  N  M  E  V  I  B  M  V  E  J  X  R  M  E  E  T  Y  A  R
M  S  Y  D  C  H  A  P  O  A  L  C  R  I  T  I  Q  U  E  E
I  T  F  E  R  R  J  J  I  L  N  F  O  M  A  P  M  A  C  Y
E  R  I  S  E  C  A  V  A  C  I  I  J  N  A  O  F  O  P  E
R  U  R  T  Ñ  O  S  M  B  S  C  M  D  A  Q  S  E  A  S  R
O  I  M  R  A  A  T  U  P  A  T  J  R  F  A  U  O  N  D  O
N  S  A  U  R  F  E  R  N  Q  U  E  F  C  R  E  I  O  E  N
C  T  R  Y  O  V  I  V  I  S  T  E  I  S  F  U  E  S  X  O
A  E  O  E  N  H  E  R  H  U  O  E  E  S  Ñ  A  R  N  T  N
F  I  N  R  V  A  P  E  N  S  A  M  O  S  I  S  A  I  U  O
C  S  E  O  N  J  Y  E  L  I  D  A  L  L  E  G  U  E  O  R
H  J  K  N  K  U  O  V  T  L  E  I  S  T  E  I  S  A  N  R
```

Yo:	infinitivo		Nosotros/as:	infinitivo
1._____ > _____			13._____ > _____	
2._____ > _____			14._____ > _____	
3._____ > _____				
4._____ > _____			**Vosotros/as:**	
5._____ > _____			15._____ > _____	
6._____ > _____			16._____ > _____	
			17._____ > _____	

Tú:

7._____ > _____

8._____ > _____

Ellos/ellas/ustedes:

18._____ > _____

19._____ > _____

Él/ella/usted:

20._____ > _____

9._____ > _____

21._____ > _____

10._____ > _____

11._____ > _____

12._____ > _____

Aciertos: _____ /2

Recuerda las formas

Escribe estos verbos en pretérito perfecto simple en la persona indicada.

1. invadir (tú) _____
2. quedar (nosotros) _____
3. vivir (yo) _____
4. construir (vosotros) _____
5. empezar (él) _____
6. iniciar (ustedes) _____
7. nacer (usted) _____
8. organizar (nosotros) _____
9. tomar (tú) _____
10. inspirar (ellas) _____
11. tomar (yo) _____
12. acabar (vosotros) _____

Recuerda las formas en contexto

Responde a las preguntas utilizando el mismo verbo.

1. • ¿Adónde viajaste el verano pasado?
   • _____ a México.
2. • ¿Quién organizó el viaje?
   • Lo _____ Antonio y Anabel.
3. • ¿Viajasteis juntos?
   • Sí, _____ juntos.
4. • ¿Qué visitasteis?
   • _____ los sitios arqueológicos aztecas.
5. • ¿Estuvisteis siempre juntos durante el viaje?
   • Sí, _____ juntos.
6. • ¿No visteis las pirámides mayas?
   • Sí, claro que las _____
7. • ¿Te gustaron?
   • Sí, _____ mucho.
8. • ¿Y a ellos?
   • También _____ mucho.
9. • ¿Comprasteis recuerdos?
   • Yo no _____ nada, pero Anabel y Antonio _____ artesanía.
     Anabel _____ regalos para toda la familia.
10. • ¿Volvisteis juntos?
    • No, ellos _____ el sábado, y yo _____ el lunes.

4 Practica la forma y los usos

Completa con los verbos en la forma correcta del pretérito perfecto simple.

La Reconquista española

1. Los musulmanes (invadir) _____ casi toda España, excepto el norte, que (qued___ _____ en manos de los cristianos.
2. Los árabes (vivir) _____ aquí casi ocho siglos. (Construir) _____ monumentos como la Mezquita de Córdoba, la Giralda de Sevilla o la Alhambra de Granada.
3. Los cristianos (empezar) _____ a reconquistar su territorio. En el 722, después triunfo de Covadonga, (iniciarse) _____ un lento avance hacia el sur.
4. El Cid Campeador (nacer) _____ en Burgos. (Luchar) _____ contra árabes y (tomar) _____ la ciudad de Valencia en 1099. Su vida (inspirar) _____ autor del famoso *Poema de Mío Cid*.
5. En 1492, bajo el reinado de los Reyes Católicos, los españoles (tomar) _____ Grar da. Así (terminar) _____ la Reconquista.

Aciertos: _____

5 Practica los usos del pretérito perfecto simple

Completa con los siguientes verbos en la forma correcta del pretérito perfecto simple.

> decidir – unir – recibir – impulsar – nacer – llamar – casarse –permitir – pagar

Los Reyes Católicos

1. A Isabel I de Castilla y a Fernando II de Aragón les _____ Reyes Católicos.
2. Isabel, hija de Juan II de Castilla, _____ en 1451.
3. Isabel y Fernando _____ en 1468 y, en 1479, Fernando _____ el título de rey de Aragón. Juntos, _____ la Corona de Castilla y de Aragón
4. Los Reyes Católicos _____ una guerra contra Granada que _____ acabar la Reconquista, en 1492.
5. El mismo año, los Reyes Católicos _____ ayudar a Cristóbal Colón y su viaje a las Indias.

Aciertos: _____

6 Reproduce la información

Escucha y responde a las preguntas. 🎧 PISTA 23

1. ¿Qué pasó el 12 de octubre de 1492?

   _____

2. ¿Qué pasó en agosto de 1492?

   _____

3. ¿Qué hizo Cristóbal Colón?

   _____

4. ¿Dónde pensó Colón que estaba?

   _____

5. ¿Qué consecuencia tuvo el viaje de Cristóbal Colón?

   _____

Aciertos: _____

7 **Refuerza el vocabulario y tus conocimientos**
Completa con los verbos en la forma correcta y selecciona la opción adecuada.

1. Los aztecas (extender) _____ su poder por toda la región...
   a. del actual Perú   b. de España   c. de México y Guatemala

2. Los mayas (alcanzar) _____ gran conocimiento en...
   a. matemáticas y astronomía   b. caminos y calzadas   c. las montañas

3. Los aztecas (elaborar) _____ ...
   a. matemáticas y astronomía   b. un calendario muy preciso   c. máquinas muy precisas

4. Los aztecas, los mayas y los incas (construir) _____ muchas...
   a. escrituras jeroglíficas   b. caminos y calzadas   c. pirámides

5. Los incas (crear) _____ ...
   a. carreteras para llegar a Cuzco   b. pirámides en México   c. castillos y monasterios

Aciertos: _____ /5

8 **Refuerza la gramática y tus conocimientos**
Relaciona para formar frases y completa con los verbos en la forma correcta.

1. Los incas...   a. viajar: _____   1. ... calzadas para llegar a Cuzco.
2. Los aztecas...   b. dominar: _____   2. ... un territorio muy amplio.
3. Cristóbal Colón...   c. abrir: _____   3. ... durante varias semanas.
4. Atahualpa...   d. conquistar: _____   4. ... el Imperio inca.
5. Los mayas...   e. gobernar: _____   5. ... el sur de México.

Aciertos: _____ /5

TOTAL de aciertos: _____ /82

1 **2** **3** **AHORA TÚ**
PRODUCCIÓN FINAL —— **La historia**

Escribe un pequeño texto y explica cuál es tu
periodo histórico preferido y por qué.

_____
_____
_____
_____
_____
_____
_____
_____

UNIDAD 14
Orientarse en la ciudad

¿Por dónde se va al Jardín Botánico?

Es muy fácil. Tenemos que seguir por esta calle todo recto hasta la plaza de Neptuno. Allí tenemos que girar a la derecha y seguir todo recto hasta llegar al Museo del Prado. Allí está, pero creo que acaba de cerrar.

ASÍ SE HABLA
FUNCIONES
Pedir y dar indicaciones en la ciudad

1. **Pedir indicaciones**
   - *Disculpe, ¿por dónde se va al Teatro Real?*
   - *Perdone, ¿me puede indicar el camino para ir al parque del Retiro, por favor?*
   - *Perdón, ¿puede decirme dónde está el Museo de Arte Contemporáneo?*

2. **Dar indicaciones, indicar el camino**
   - *Tiene que tomar la primera calle a la derecha.*
   - *Sigues recto por esta calle.*
   - *Puede cruzar por la plaza de España.*

ASÍ ES
GRAMÁTICA
Las expresiones verbales

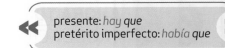

presente: *hay que*
pretérito imperfecto: *había que*

Para expresar:		
obligación	*tener que* + infinitivo *haber que* + infinitivo (impersonal)	*Tienes que cruzar la calle por el paso de peatones.* *Para llegar al museo hay que tomar el metro.*
posibilidad o permiso	*poder* + infinitivo	*Puede pasar por el parque.*
una acción reciente	*acabar de* + infinitivo	*Son las 20:30. El museo acaba de cerrar.*
la repetición de una acción	*volver a* + infinitivo	*El museo me ha gustado mucho. Hoy vuelvo a visitarlo.*
el inicio de una acción	*empezar a* + infinitivo	*El museo empieza a exponer las obras de Goya.*

Los puntos cardinales

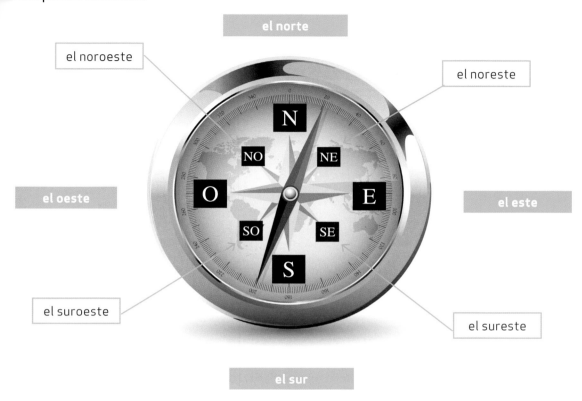

el norte

el noroeste

el noreste

el oeste

el este

el suroeste

el sureste

el sur

2. Expresiones útiles

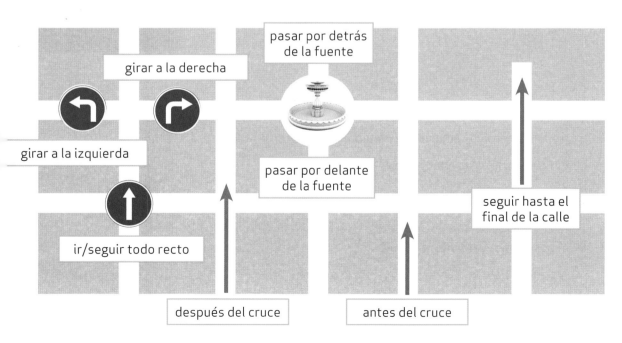

pasar por detrás de la fuente

girar a la derecha

girar a la izquierda

pasar por delante de la fuente

seguir hasta el final de la calle

ir/seguir todo recto

después del cruce

antes del cruce

Reconoce los puntos cardinales
Mira el mapa y completa las frases con las siguientes palabras.

centro – este (x2) – noreste – norte (x2) – oeste – sur – sureste – noroeste

1. La Comunidad de Madrid está en el _____ de España.

2. Andalucía es una comunidad autónoma que está en el _____.

3. El País Vasco, en cambio, está en el _____.

4. Extremadura está al _____ de Castilla-La Mancha, y Valencia al _____.

5. Galicia está en el _____ y Murcia está en el _____.

6. Y, por último, Cataluña está en el _____ de España, al _____ de
   Valencia, y al _____ de Aragón.

Aciertos: _____ /10

Reconoce las expresiones verbales y la información correcta
Marca la opción correcta.

1. **Juan y Lola viven en Cantabria. Para ir a Portugal, ...**
   a. pueden atravesar la comunidad de Castilla y León.
   b. tienen que atravesar la comunidad de Castilla y León.
   c. empiezan a atravesar la comunidad de Castilla y León.

2. **Paco es andaluz. Cuando regresa de Madrid a Andalucía, siempre...**
   a. vuelve a ir al sur.
   b. empieza a ir al sur.
   c. acaba de salir del sur.

3. **Somos de La Rioja. Para ir a Barcelona, ...**
   a. hay que pasar por Valencia.
   b. volvemos a atravesar Aragón.
   c. tenemos que atravesar Aragón.

4. **Mis amigos de Zaragoza vienen a visitarme a Toledo. Me llaman para decirme que...**
   a. acaban de salir de casa y llegan en 2 horas.
   b. tienen que seguir todo recto hacia el este.
   c. pueden pasar por Valencia.

5. **¿Para tomar la autopista? Es muy fácil...**
   a. Empiezas a girar a la izquierda y sigues todo recto.
   b. Tienes que girar a la derecha para salir de la ciudad.
   c. Pasas por delante del museo y acabas de entrar en la ciudad.

Aciertos: _____ /5

Recuerda la forma de las expresiones verbales
Relaciona y escribe un ejemplo con cada una.

1. tener			1. _____
2. haber	a		2. _____
3. volver	que		3. _____
4. poder	Ø	*+ infinitivo*	4. _____
5. acabar	de		5. _____
6. empezar			6. _____

Aciertos: _____ /6

4 Practica las expresiones verbales
Subraya la opción correcta.

1. El centro de la ciudad no está lejos. *Puedes/Tienes* ir caminando. Son solo 15 minutos.
2. Antes de entrar *puedes/tienes* que comprar una entrada en la taquilla.
3. Hoy no *podemos/tenemos* visitar el museo. Está cerrado. *Podemos/Tenemos* que esperar martes para visitarlo.
4. Por aquí no *tenemos/podemos* pasar, *hay/puede* que entrar por la otra puerta.
5. Lo siento, el último tren *acaba de/vuelve a* pasar y ya no hay otro hasta mañana.
6. Este verano, las chicas *empiezan a/vuelven a* ir de vacaciones a ese pueblo que tanto les gus
7. Los turistas *empiezan a/vuelven a* llegar al museo y son muchos. Mejor *empezamos a/volv mos a* venir mañana más temprano.
8. *Hay/Tengo* que comprar algo a mi novia y no tengo dinero. *Acabo de/Empiezo a* ver una co preciosa en la tienda del museo y no *puedo/tengo* pagar con tarjeta.

Aciertos: _____ /1

5 Reproduce la información
Escucha el diálogo y responde a las preguntas.

PISTA 24

1. ¿Adónde acaban de llegar Felipe y Ana? _____
2. ¿Qué les ha explicado Juan? _____
3. ¿Tienen que girar a la izquierda o a la derecha? _____
4. ¿Vive Juan en Burgos? _____
5. ¿Ha entendido bien Felipe las explicaciones de Juan? _____
6. ¿Está Valladolid en el sur o en el noroeste de Palencia? _____

Aciertos: _____ /

6 Refuerza la comunicación
Pon las frases en orden para formar diálogos.

Diálogo 1

☐ De nada. ¡Hasta luego!
☐ No, está a diez minutos, más o menos.
☐ Luego tiene que caminar hasta el final de la calle.
☐ Muchas gracias.
☐ Pues tiene que tomar la segunda calle a la derecha.
☐ Disculpe, señora. ¿Por dónde se va al Museo de Arte Moderno?
☐ ¿Está lejos?

Diálogo 2

☐ Perdone, ¿me puede indicar el camino para ir al teatro, por favor?
☐ ¿Y por dónde voy? No conozco la ciudad.
☐ Es muy fácil.
☐ ¿El teatro? Está detrás del parque.
☐ También puede tomar el autobús, pero creo que acaba de pasar.
☐ Muchas gracias.
☐ Puede atravesar por aquí y cruzar el parque.

Aciertos: _____ /14

7 Refuerza las expresiones
Completa el texto con el vocabulario siguiente.

> lejos – todo recto – tenía que – final – por delante

1. Cuando era niño, iba solo a la escuela. No estaba _____ de casa. Solo _____ cruzar una calle. Pasaba _____ de la pastelería y seguía _____ hasta el _____ de la calle.

> hay – necesario – plano – tienes que

2. Para no perderse en una ciudad nueva, _____ que mirar un _____. Si no tienes, es _____ comprar uno o comprar un GPS. Entonces, ¡solo _____ seguir las indicaciones!

> acababa – por delante – hacia – giré – empecé – seguí

3. Anoche, cuando llegué a casa, Sergio no estaba. Intenté llamarlo, pero no contestaba. Entonces _____ a preocuparme. Salí a la calle y caminé _____ la plaza Mayor. _____ a la izquierda, pasé _____ del ayuntamiento y _____ hasta su café favorito. Allí, sus amigos me dijeron que Sergio _____ de irse a casa.

Aciertos: _____ /15

TOTAL de aciertos: _____ /69

AHORA TÚ
PRODUCCIÓN FINAL ———— **Tu recorrido**

> Escribe un pequeño texto y describe tu itinerario para ir a clase o al trabajo.

_____
_____
_____
_____
_____
_____
_____

UNIDAD 15
Dar instrucciones y aconsejar

Mañana es mi primer día en la oficina. Estoy un poco nerviosa. ¿Qué debo hacer?

Pues llega puntual, pregunta lo que no entiendes, escucha todo lo que dice tu jefe y haz las cosas con tranquilidad.

ASÍ SE HABLA
FUNCIONES — Pedir y dar consejos

1. **Pedir consejo**
   - ¿Qué debo hacer?
   - ¿Qué crees que es mejor?

2. **Dar consejos**
   - Habla con él.
   - Di la verdad, es lo mejor.
   - Ve al aeropuerto en taxi, es lo más rápido.

ASÍ ES
GRAMÁTICA — El imperativo afirmativo

	TOMAR	BEBER	SUBIR	DAR	SER
	Verbos regulares				
tú	toma	bebe	sube	da	sé
usted	tome	beba	suba	dé	sea
vosotros/as	tomad	bebed	subid	dad	sed
ustedes	tomen	beban	suban	den	sean

Verbos irregulares			
Presente	**HACER** (yo hago)	**PONER** (yo pongo)	**SALIR** (yo salgo)
tú	haz	pon	sal
usted	haga	ponga	salga
vosotros/as	**haced**	**poned**	**salid**
ustedes	hagan	pongan	salgan

Los verbos con irregularidad en presente en la forma *yo* son irregulares en imperativo en las personas *usted* y *ustedes*.

En la forma *vosotros/as*, la -d desaparece cuando le sigue un pronombre reflexivo:
Levantad + os > Levantaos.
Lavad + os las manos > Lavaos las manos. > Laváoslas.

El imperativo con pronombres

- Objeto directo
  Haz el ejercicio. > Hazlo.
  Compra la revista. > Cómprala.
  Leed los libros. > Leedlos.
- Verbos reflexivos
  Levántate.
  Cállense.

CON ESTAS PALABRAS
ÉXICO

Los consejos en clase y las tareas en el trabajo

Frases útiles
- **En clase (tú)**

Levanta la mano para preguntar.

Saluda a todos.

Pregunta las dudas al profesor.

Sal de la clase sin correr.

Haz los ejercicios.

- **En el trabajo (usted)**

Llame a sus clientes.

Imprima el informe.

Firme los documentos.

Prepare la reunión.

Envíe el correo.

2. Números ordinales

- 1.º primer(o)/primera
- 2.º segundo/a
- 3.º tercero/a
- 4.º cuarto/a
- 5.º quinto/a

- 6.º sexto/a
- 7.º séptimo/a
- 8.º octavo/a
- 9.º noveno/a
- 10.º décimo/a

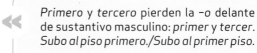

Primero y *tercero* pierden la –o delante de sustantivo masculino: *primer* y *tercer*.
Subo al piso primero./Subo al primer piso.

1 Reconoce las formas del imperativo

Relaciona cada forma de imperativo con el pronombre adecuado.

1. lleguen

2. sal

3. toma

4. bebed

5. sea   a. tú

6. dad   b. usted

7. haz   c. vosotros, vosotras

8. suban   d. ustedes

9. escribe

10. escuche

11. vivid

12. hablen

13. den

14. pon

Aciertos: _____ /1◄

2 Reconoce los números ordinales

Encuentra los 10 números ordinales.

```
V J Y Q U I N T O D Y H I V O
P H A L O C T I V A D E J O F
R R L U C A J N O V E N O C O
I A S E G U N D O P S T H T B
M S P A B I A O S A D F X U G
E L G E T C H R L A O E B M O
R N A C E Z R U T P S M C D J
O S A T R A C E R O P O O I R
R I T A C C I R O S R X C D M
T A R D E C I M O E C I T P H
O R T Z R R I I M X J A A U G
S T A G O T O I P T M R V S B
C L V L A D S E P T I M O T A
```

1. _____

2. _____

3. _____

4. _____

5. _____

6. _____

7. _____

8. _____

9. _____

10. _____

Aciertos: _____ /10

Recuerda los ordinales
Completa la frase con un número ordinal.

1. Subid cuatro pisos.   Subid al _____ piso.
2. Están en el segundo piso y bajan un piso.   Bajad al _____ piso.
3. Suba tres pisos.   Suba al _____ piso.
4. Estáis en el octavo piso y bajáis dos pisos.   Bajad al _____ piso.
5. Estás en el séptimo piso y bajas dos pisos.   Baja al _____ piso.

Aciertos: _____ /5

Practica los ordinales
Subraya la opción correcta.

1. Bajamos en la *tercer/tercero/tercera* estación de metro.
2. No vivo en el sexto, sino en el *tercer/tercero/tercera*.
3. Luis fue el *tercer/tercero/tercera* invitado en llegar y Juan fue el *primer/primero/primera*.
4. Este autor obtuvo un premio literario por *primer/primero/primera* vez a los 25 años.
5. Después del cuarto piso está el *quinto/cinco/quinta*.

Aciertos: _____ /6

Practica los imperativos
Convierte los consejos que da Inés a su hijo en órdenes, como en el ejemplo.

Antes de ir a clase, tienes que desayunar.   *Desayuna antes de ir a clase.*

1. Tienes que ducharte antes de salir de casa.
   _____

2. Tienes que ser puntual.
   _____

3. Si tienes dudas, tienes que preguntar a tu profesora.
   _____

4. Tienes que hacer todos los ejercicios.
   _____

5. Si sabes la respuesta, tienes que responder a las preguntas.
   _____

6. Tienes que escuchar a tus profesores.
   _____

7. Al final de la clase, tienes que recoger tus cosas.
   _____

8. Para volver a casa, tienes que tomar el autobús.
   _____

Aciertos: _____ /8

6 Practica los imperativos con pronombre

Convierte estos consejos que da Raquel a su asistente en órdenes sin repetir el objeto dire
como en el ejemplo.

Tiene que preparar la reunión con antelación.   *La reunión, prepárela con antelación.*

1. El día de la reunión, tiene que organizar la sala.
   _____

2. Tiene que imprimir todos los documentos necesarios.
   _____

3. Tiene que corregir la presentación antes de proyectarla en el ordenador.
   _____

4. Tiene que recibir a los clientes en recepción.
   _____

5. Antes de la reunión, tiene que leer el orden del día.
   _____

6. Al final de la reunión, tiene que acompañar a los clientes a recepción.
   _____

Aciertos: _____

7 Reproduce la orden

Completa, como en el ejemplo.

¿Aún no te has lavado las manos?   *¡Lávatelas!*

1. ¿Aún no te has levantado?   _____
2. ¿Todavía no habéis hecho los ejercicios?   _____
3. ¿Por qué no suben los paquetes?   _____
4. ¿Por qué no coméis el pescado?   _____
5. ¿Aún no han hecho las copias?   _____
6. ¿Por qué no has llamado a Ana?   _____
7. ¿Todavía no habéis preparado la reunión?   _____
8. ¿Por qué no ha firmado el contrato?   _____

Aciertos: _____

8 Reproduce la comunicación

Escucha y marca la opción correcta. Luego, corrige la información falsa. PISTA 25

	V	F	
1. Él vive en el sexto piso.	☐	☐	_____
2. Ella vivió en la Quinta Avenida de Nueva York.	☐	☐	_____
3. Tienen que tomar la segunda calle a la derecha.	☐	☐	_____
4. Es la primera vez que va a la ópera.	☐	☐	_____
5. Luis llegó el tercero en la carrera.	☐	☐	_____

Aciertos: _____ /5

Refuerza la comunicación
Marca la opción adecuada.

1. **Perdón, ¿puedo hablar con usted un momento, por favor?**
   a. Sí, claro, puede.
   b. Sí, claro, pase y siéntese.
   c. No puede.

2. **¿Me das un vaso de agua, por favor?**
   a. Sí, bebe, bebe.
   b. Sí, sí, dame.
   c. Sí, toma.

3. **¿Puedo hablar con el Sr. Ruiz, por favor?**
   a. Sí, soy yo. Hable.
   b. No soy el Sr. Ruiz.
   c. Yo soy José Ruiz, dígame.

4. **David, ¿puedes venir un momento?**
   a. Sí, voy.
   b. Sí, ven.
   c. Sí, puedo.

5. **Mucho gusto, Sra. Romerales.**
   a. No, por favor, háblame de tú.
   b. Habla con tú.
   c. No, María.

6. **Sr. director, ¿puedo pasar un momento para hablar con usted, por favor?**
   a. Sí, sí, sí.
   b. Sí, paso.
   c. Sí, claro, pase, pase.

Aciertos: _____ /6

TOTAL de aciertos: _____ /68

  AHORA TÚ — Da consejos a un amigo
PRODUCCIÓN FINAL

Un amigo empieza a trabajar. Dale consejos.

_____
_____
_____
_____
_____
_____

1 Escucha y marca en el plano el camino que siguen Silvia y Paco. (PISTA 26)

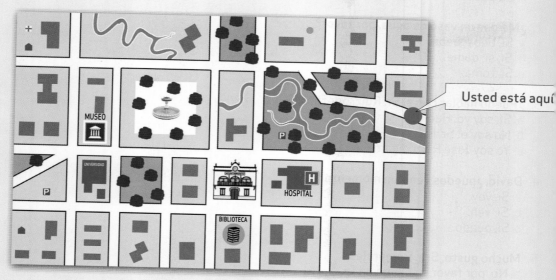

Usted está aquí

2 Conjuga los verbos en el tiempo adecuado: pretérito imperfecto o pretérito perfecto simple. Lueg, marca el itinerario en el mapa.

El verano pasado (viajar, nosotros) _____ por Andalucía. (Llegar) _____ a Málaga en avión. Málaga está en la costa. Al día siguiente (tomar) _____ un autobús hasta Granada, al noreste de Málaga. Allí (pasar) _____ solo tres días porque (tener) _____ que ir a Córdoba, que está al noroeste de Granada.

En Córdoba (alquilar) _____ un coche y (bajar) _____ hacia el suroeste, a Sevilla, pero (hacer) _____ tanto calor que (seguir) _____ más al sur y (llegar) _____ a Cádiz. (Descansar) _____ allí unos días y (decidir) _____ ir a Tarifa, en el sur. (Tomar) _____ el sol y (practicar) _____ surf.

Completa este cartel de una agencia de viajes con los verbos en imperativo.

1

¿Le gusta el calor, el sol y la playa?
¡(Visitar, usted) _____ Andalucía!

(Comprar) _____ los billetes ya,
y (reservar) _____ el hotel con
nosotros: es fácil, seguro y rápido.

2

3

¿Quiere reservar una habitación?

(Hacer) _____ su reserva ahora

mismo. (Completar) _____

el formulario y (enviar) _____ su

petición.

4

(Poner) _____ las fechas
en las que desea la habitación.

5

Si necesita un coche, no hay problema, (solicitar) _____
el modelo que quiere y (viajar) _____
tranquilamente por toda Andalucía.

Esquemas de gramática

1. Los pronombres posesivos (página 5)

Los pronombres posesivos			
Singular		**Plural**	
Masculino	**Femenino**	**Masculino**	**Femenino**
(el) mío	(la) mía	(los) míos	(las) mías
(el) tuyo	(la) tuya	(los) tuyos	(las) tuyas
(el) suyo	(la) suya	(los) suyos	(las) suyas
(el) nuestro	(la) nuestra	(los) nuestros	(las) nuestras
(el) vuestro	(la) vuestra	(los) vuestros	(las) vuestras
(el) suyo	(la) suya	(los) suyos	(las) suyas

- Se utilizan para indicar la p[...] sesión de un objeto sin repe[...] el nombre del objeto poseí[...] (¿De quiénes este jersey? [...] mío). Se usan también pa[...] confirmar si una persona es [...] dueño o no de algo (¿Es tu [...] esta falda? Sí, es mía/No, [...] es mía).
- Se utilizan con el artículo dete[...] minado para identificar ent[...] un grupo qué objeto perten[...] ce a una persona (¿Cuál es [...] sombrero? El mío es el verd[...]

2. Los pronombres demostrativos neutros (página 5)

Los pronombres demostrativos neutros	
• ¿Qué es esto?	• Esto es un jersey.
• ¿Qué es eso?	• Eso es una blusa.
• ¿Qué es aquello?	• Aquello es un bolso.

- Se utilizan para referirse a algo sin especificar qué es, porque no se sabe qué es o porque no se quie[...] decir (¿Y esto qué es? Esto es un vestido muy antiguo).
- Como en los demás demostrativos, se utiliza esto para señalar un objeto próximo a quien habla (Tom[...] esto es para ti), eso para referirse a un objeto próximo al oyente (¿Qué es eso que llevas?) y aquel[...] para referirse a algo que está lejos de quien habla y quien escucha (Mira, aquello que está al fondo d[...] armario es mi vestido de novia).

3. Los verbos en presente regulares y los irregulares en –ar (páginas 11 y 16)

	HABLAR	COMER	VIVIR	DAR
yo	hablo	como	vivo	doy
tú	hablas	comes	vives	das
él, ella, usted	habla	come	vive	da
nosotros, nosotras	hablamos	comemos	vivimos	damos
vosotros, vosotras	habláis	coméis	vivís	dais
ellos, ellas, ustedes	hablan	comen	viven	dan

Verbos e›ie

	PENSAR
yo	pienso
tú	piensas
él, ella, usted	piensa
nosotros, nosotras	pensamos
vosotros, vosotras	pensáis
ellos, ellas, ustedes	piensan

Verbos o y u›ue[...]

	CONTAR	JUGAR
yo	cuento	juego
tú	cuentas	juegas
él, ella, usted	cuenta	juega
nosotros, nosotras	contamos	jugamos
vosotros, vosotras	contáis	jugáis
ellos, ellas, ustedes	cuentan	juegan

- Se utilizan para dar información general (Guillermo habla tres idiomas).
- También se usan para dar información presente (Nosotros ahora vivimos en Córdoba).
- Se utilizan también para indicar una actividad frecuente o habitual (Mis hijas normalmente comen e[...] casa de su abuela).
- En algunos casos, sirven para indicar una acción futura (Este verano viajamos a México).

Los pronombres de objeto directo (página 17)

Los pronombres de objeto directo (OD)			
		OD	OD
yo	me	Cuento _el dinero_.	_Lo_ cuento.
tú	te	Cuento _la historia_.	_La_ cuento.
él, ella, usted	lo, la	Cuento _los billetes_.	_Los_ cuento.
nosotros, nosotras	nos	Cuento _las estrellas_.	_Las_ cuento.
vosotros, vosotras	os		
ellos, ellas, ustedes	los, las		

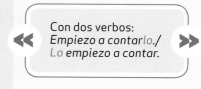

Con dos verbos:
Empiezo a contarlo./
Lo empiezo a contar.

Se utilizan para presentar a una persona o un objeto ya mencionado antes (_¿Conoces a Rafa? Sí, ya lo conozco_).
Si hay una expresión formada por dos verbos, el pronombre puede ir delante del primer verbo (_¿Piensas comprar este libro? Sí, **lo** pienso comprar hoy mismo_) o detrás y unido al segundo verbo (_Sí, pienso comprar**lo**_), pero nunca en medio de los dos verbos.

. Los verbos en –_er_ irregulares en presente (páginas 24 y 25)

Verbos e>ie	
	QUERER
yo	quiero
tú	quieres
él, ella, usted	quiere
nosotros, nosotras	queremos
vosotros, vosotras	queréis
ellos, ellas, ustedes	quieren

Verbos o>ue	
	VOLVER
yo	vuelvo
tú	vuelves
él, ella, usted	vuelve
nosotros, nosotras	volvemos
vosotros, vosotras	volvéis
ellos, ellas, ustedes	vuelven

. Los verbos en –_ir_ irregulares en presente (páginas 30 y 31)

	Verbos especiales				
	IR	**SALIR**	**VENIR**	**DECIR**	**OÍR**
yo	voy	salgo	vengo	digo	oigo
tú	vas	sales	vienes	dices	oyes
él, ella, usted	va	sale	viene	dice	oye
nosotros, nosotras	vamos	salimos	venimos	decimos	oímos
vosotros, vosotras	vais	salís	venís	decís	oís
ellos, ellas, ustedes	van	salen	vienen	dicen	oyen

Verbos e>i	Verbos e>ie y o>ue	
PEDIR	**SENTIR**	**DORMIR**
yo pido	siento	duermo
tú pides	sientes	duermes
él, ella, usted pide	siente	duerme
nosotros, nosotras pedimos	sentimos	dormimos
vosotros, vosotras pedís	sentís	dormís
ellos, ellas, ustedes piden	sienten	duermen

Otros verbos que funcionan como _pedir_: _medir, reír(se), repetir, servir, vestir(se)_...
• _corregir_: corrijo, corriges, corrige...
• _elegir_: elijo, eliges, elige...
• _seguir_: sigo, sigues, sigue...

Otros verbos que funcionan como _sentir_: _preferir_...
Otros verbos que funcionan como _dormir_: _morir_...

7. Los verbos *gustar* y *parecer* (páginas 36 y 37)

GUSTAR			
(a mí)	me		
(a ti)	te	gusta	el chocolate **(singular)**
(a él, a ella, a usted)	le		comer pan
(a nosotros, a nosotras)	nos		
(a vosotros, a vosotras)	os	gustan	los deportes **(plural)**
(a ellos, a ellas, a ustedes)	les		las verduras

PARECER			
(a mí)	me		
(a ti)	te	parece	bueno/a(s)
(a él, a ella, a usted)	le		malo/a(s)
(a nosotros, a nosotras)	nos		rico/a(s)
(a vosotros, a vosotras)	os	parecen	sano/a(s)
(a ellos, a ellas, a ustedes)	les		

- Siempre se utilizan con l[...] pronombres de objeto in[...] recto (*¿Te gusta la carne?* [...] *me gusta mucho, me pare*[...] *muy rica*).
- Se utiliza el verbo *gus*[...] para indicar si algo nos gus[...] (*No me gusta nada el yog*[...] y *parecer* para expresar [...] opinión (*Me parece malo*).

8. Los adjetivos y pronombres indefinidos (página 37)

Los indefinidos
Alguien, algo, nada, nadie

Para personas: alguien = nadie
- *¿Hay alguien en casa?* • *No, no hay nadie.*

Para objetos: algo = nada
- *¿Necesitas algo?* • *No, no necesito nada.*

Algún, alguno(s), alguna(s) = Ningún, ninguno, ninguna

- *¿Conoces algún restaurante griego?*
- *¿Tienen alguna mesa libre?*

- *No, no conozco ningún restaurante.*
- *No, no conozco ninguno.*
- *No, no tenemos ninguna mesa libre.*
- *No, no tenemos ninguna.*

- Se utilizan para hablar de una persona indeterminada (*alguien/nadie*) o de un objeto indetermin[...] (*algo/nada*).
- También se usan para hablar de una cantidad indeterminada (*alguno*) o inexistente (*ninguno*) de per[...] nas, animales u objetos.
- Cuando *alguno* o *ninguno* son adjetivos y van delante de un sustantivo masculino singular, pasan a [...] gún y ningún (*¿Tienes algún amigo español? No no tengo ningún amigo de aquí, pero sí conozco a*[...] *guno argentino*).

9. El verbo *doler* y otros verbos de estructura similar (página 44)

DOLER			
(a mí)	me		
(a ti)	te	duele	el brazo **(singular)**
(a él, a ella, a usted)	le		la cabeza
(a nosotros, a nosotras)	nos		
(a vosotros, a vosotras)	os	duelen	los pies **(plural)**
(a ellos, a ellas, a ustedes)	les		las piernas

- Se utiliza el verbo *doler* p[...] expresar dolor o malestar y [...] siempre con pronombres in[...] rectos (*Me duele muchísimo*[...] *espalda*), como el verbo *gust*[...] el verbo *parecer*.
- Hay otros verbos que expre[...] también sentimientos y que [...] utilizan con la misma estruct[...] (verbos en tercera persona [...] pronombres de objeto indirec[...] como *interesar, molestar* o [...] *cantar*.

10. Los comparativos y los superlativos (páginas 50 y 51)

Los comparativos de superioridad e inferioridad

- **Superioridad:** más + adjetivo + que
  Juan es más inteligente que José.
  Ana es más trabajadora que Luis.
- **Inferioridad:** menos + adjetivo + que
  José es menos inteligente que Juan.
  Ana y Luis son menos alegres que ellos.

Los comparativos de igualdad

- verbo + tanto como
  Juan trabaja tanto como Ana.
- tan + adjetivo + como
  Juan es tan inteligente como Ana.
- igual de + adjetivo + que
  Juan es igual de inteligente que Ana.

Los comparativos irregulares

- grande > mayor(es)
  Juan es mayor que Ana.
- pequeño/a > menor(es)
  Felipe es menor que Juan.
- bueno/a > mejor(es)
  Este pastel es mejor que aquel.
- malo/a > peor(es)
  Esta sopa es peor que esa.

El superlativo: el/la/los/las más, el/la/los/las menos

Juan es el más simpático de todos.
Juan y Ana son los más trabajadores de la oficina.
Lorena es la menos trabajadora de la clase.
Clara y María son las menos trabajadoras de aquí.

El superlativo absoluto: -ísimo(s), -ísima(s)

- alto/a > altísimo/a
- bueno/a > buenísimo/a
- fácil > facilísimo/a
- elegante > elegantísimo/a

- Se utilizan para comparar el sujeto de la oración (*Alberto es tan amable como Irene, ¿no?*).

11. La expresión *estar* + gerundio (páginas 56 y 57)

ESTAR + gerundio

yo	estoy	
tú	estás	cantando (verbos en -*ar*)
él, ella, usted	está	comiendo (verbos en -*er*)
nosotros, nosotras	estamos	viviendo (verbos en -*ir*)
vosotros, vosotras	estáis	
ellos, ellas, ustedes	están	

Los gerundios irregulares
verbos en –*ir* con cambio vocálico

	gerundio
e>i	
• decir > digo, dices…	diciendo
• pedir > pido, pides…	pidiendo
• servir > sirvo, sirves…	sirviendo
e>ie	
• divertir > divierto, diviertes…	divirtiendo
• sentir > siento, sientes…	sintiendo
o>ue	
• dormir > duermo, duermes…	durmiendo

Gerundios en –*yendo*

- ir > yendo
- leer > leyendo
- oír > oyendo
- caer > cayendo
- construir > construyendo
- traer > trayendo

- La expresión *estar* + gerundio se utiliza para expresar lo que se está realizando en este mismo momento (*Ricardo ahora mismo está hablando por el móvil. Luego te llama*) o para presentar una actividad actual con una larga duración, no instantánea (*Estoy corrigiendo todos estos textos desde esta mañana y ya estoy cansado. Voy a descansar un rato*).
- Si se utiliza con pronombres, estos van delante del verbo *estar* (*El bebé se está despertando ahora, vamos a preparar la leche*) o detrás y junto al gerundio (*El bebé está despertándose ahora*), pero nunca en medio de los dos verbos. Cuando van detrás del gerundio, hay que escribir el acento.

12. La expresión *ir a* + infinitivo (páginas 64 y 65)

IR a + infinitivo		
yo	voy	
tú	vas	
él, ella, usted	va	a + infinitivo
nosotros, nosotras	vamos	
vosotros, vosotras	vais	
ellos, ellas, ustedes	van	

- Se utiliza con cualquier verbo para expresar una acción futura (*Mañana vamos a ir a la playa*).
- Si se utiliza con pronombres, estos van delante del verbo *ir* (*¡Qué sueño! Creo que me voy a ir a la cama pronto*) o detrás y junto al infinitivo (*Voy a irme a la cama pronto*), pero nunca en medio de los dos verbos.

13. El pretérito perfecto compuesto (páginas 70 y 71)

HABER + participio		
yo	he	
tú	has	viajado (verbos en -ar)
él, ella, usted	ha	comido (verbos en -er)
nosotros, nosotras	hemos	vivido (verbos en -ir)
vosotros, vosotras	habéis	
ellos, ellas, ustedes	han	

Los participios irregulares

- hacer > hecho
- poner > puesto
- romper > roto
- escribir > escrito
- ver > visto
- volver > vuelto
- abrir > abierto
- decir > dicho
- descubrir > descubierto
- resolver > resuelto
- morir > muerto

- Se utiliza para indicar una acción pasada, ocurrida en un periodo de tiempo en el que todavía estamos (*Esta semana hemos estado en Barcelona*).
- Se usa también para referirse a una acción pasada que tiene consecuencias en el presente (*Sandra ya se ha ido para siempre*).
- Si se utiliza con pronombres, estos van siempre delante del verbo *haber* (*Este fin de semana me he levantado pronto*).

14. El pretérito imperfecto (páginas 76 y 77)

	CANTAR	COMER	VIVIR	Verbos irregulares		
				IR	SER	VER
yo	cantaba	comía	vivía	iba	era	veía
tú	cantabas	comías	vivías	ibas	eras	veías
él, ella, usted	cantaba	comía	vivía	iba	era	veía
nosotros, nosotras	cantábamos	comíamos	vivíamos	íbamos	éramos	veíamos
vosotros, vosotras	cantabais	comíais	vivíais	ibais	erais	veíais
ellos, ellas, ustedes	cantaban	comían	vivían	iban	eran	veían

- El imperfecto se utiliza para describir el pasado (*Cuando era niño y tenía cinco o seis años, vivía en un pueblo que estaba en el norte*).
- También se usa para hablar de costumbres o acciones habituales del pasado (*Antes jugaba en un equipo de balonmano. Entrenábamos todas las semanas dos días*).

15. El pretérito perfecto simple (páginas 84 y 85)

	Verbos regulares			Verbos de cambio ortográfico (*yo*)
	VIAJAR	**VOLVER**	**DESCUBRIR**	
yo	viajé	volví	descubrí	• Verbos en –*gar*: llegar > llegué
tú	viajaste	volviste	descubriste	
él, ella, usted	viajó	volvió	descubrió	• Verbos en –*zar*: comenzar > comencé
nosotros, nosotras	viajamos	volvimos	descubrimos	
vosotros, vosotras	viajasteis	volvisteis	descubristeis	• Verbos en –*car*: explicar > expliqué
ellos, ellas, ustedes	viajaron	volvieron	descubrieron	

• Se utiliza para indicar una acción pasada, ocurrida en un periodo de tiempo terminado (*El año pasado estuvimos en Zamora*).

16. Las expresiones verbales con infinitivo (página 90)

Para expresar:		
obligación	*tener que* + infinitivo *haber que* + infinitivo (impersonal)	*Tienes que cruzar la calle por el paso de peatones.* *Para llegar al museo hay que tomar el metro.*
posibilidad o permiso	*poder* + infinitivo	*Puede pasar por el parque.*
una acción reciente	*acabar de* + infinitivo	*Son las 20:30. El museo acaba de cerrar.*
la repetición de una acción	*volver a* + infinitivo	*El museo me ha gustado mucho. Hoy vuelvo a visitarlo.*
el inicio de una acción	*empezar a* + infinitivo	*El museo empieza a exponer las obras de Goya.*

17. El imperativo afirmativo (páginas 96 y 97)

	Verbos regulares				
	TOMAR	**BEBER**	**SUBIR**	**DAR**	**SER**
tú	toma	bebe	sube	da	sé
usted	tome	beba	suba	dé	sea
vosotros/as	tomad	bebed	subid	dad	sed
ustedes	tomen	beban	suban	den	sean

	Verbos irregulares		
	HACER	**PONER**	**SALIR**
Presente	(*yo hago*)	(*yo pongo*)	(*yo salgo*)
tú	haz	pon	sal
usted	haga	ponga	salga
vosotros/as	haced	poned	salid
ustedes	hagan	pongan	salgan

• El imperativo se utiliza para dar una instrucción (*Primero conecta el ordenador*).
• También para dar órdenes (*Di la verdad*).
• Y para aceptar una petición, normalmente repetido dos veces (¿*Puedo pasar, por favor? Sí, claro. Pasa, pasa*).
• O en ciertas expresiones fijas (*Perdone, ¿la Puerta del Sol?*).
• Con el imperativo afirmativo, los pronombres siempre van después del verbo y unidos a él (*Dámelo, por favor*).

Transcripciones

Pista 1
Hoy Ana lleva una falda roja. Su bolso también es rojo.
1. Hoy Juan lleva una camisa azul y unos pantalones del mismo color.
2. Hoy Cristina está muy alegre: está totalmente vestida de rosa, los pantalones y la chaqueta.
3. José y Lola van vestidos iguales, con una cazadora y unas botas marrones.
4. Hoy Marta va muy elegante. Lleva una falda naranja preciosa y un bolso del mismo color.
5. Por lo general, Paco siempre va vestido de negro, pero hoy lleva una corbata y unos guantes verdes.
6. Hoy Carlos y Ana llevan una camiseta morada, del mismo color que sus calcetines.

Pista 2
1. Eva lleva un abrigo azul, unos pantalones negros y un jersey de lana verde.
2. Hoy Ana lleva un vestido de algodón naranja muy moderno.
3. Luis lleva unos zapatos muy elegantes de cuero negros.
4. Felipe lleva un abrigo gris de lana. Es muy caliente.
5. Como hoy hace mucho calor, María lleva una falda corta de rayas, una blusa blanca de seda y unas sandalias.

Pista 3
1. Cuando sale del trabajo, Ana está muy cansada, pero solo piensa en una cosa: la clase de baile.
2. Pedro empieza a trabajar muy temprano. Por eso se despierta temprano todos los días.
3. Desde pequeño, Pablo tiene un sueño: ser futbolista.

Pista 4
1. Luis tiene una cita con sus clientes y prepara un encuentro con ellos.
2. Hoy Ana empieza sus clases de guitarra, luego merienda con su hermano.
3. Juan se acuerda de una canción muy bonita.
4. Los sábados, los niños se acuestan a las 11:00 de la noche.
5. Alejandro juega al tenis, pero no al fútbol.

Pista 5
1. – Hola, Ana. ¿Qué calor hace hoy, verdad?
– ¡Claro! ¡Llevas un jersey de lana!
– Sí, tengo que comprarme una camiseta de algodón y unas sandalias.
– Pues sí, porque estas botas con este calor…
2. – ¿Y por qué no te compras una camisa?
– Tienes razón. Solo tengo camisetas azules y blancas.
– ¿Por qué no te compras esta camisa de cuadros?
– ¡No, de cuadros no! ¡No me gustan! Prefiero de rayas.
3. – Juan, ¿en qué piensas?
– Pienso en mi infancia, en el jardín de mis abuelos y en su casa.
– ¿Piensas mucho en tus abuelos?
– Sí, especialmente en mi abuela. La echo de menos.
4. – ¡Hola, José! ¿Dónde estás? ¿En la universidad?
– Sí, pero estoy en la entrada de la universidad.
– ¿Vas a clase?

– No, no. Ahora voy con Estrella a la biblioteca.
5. – Buenas tardes, ¿qué desea?
– Quería unos pantalones.
– ¿De qué color? Tenemos estos negros, estos azules…
– No, los quería marrones.
– ¿De qué talla?
– De la M, por favor.

Pista 6
1. – Hola, Juan. ¿Sabes dónde está Ana?
– Creo que está en su oficina, al final del pasillo, a la derecha.
2. Cristina, llevo a los niños al colegio y vuelvo a casa, ¿vale?
3. ¿No conoces al señor Molina? Es mi profesor de Biología en la universidad.
4. – Estoy muy nervioso. Hoy tengo una entrevista para un puesto de profesor de francés.
– ¿En la escuela oficial de idiomas?
– No, en un colegio bilingüe.
5. – ¡Qué desastre, no encuentro mis lápices!
– Pero, Sara, ¿no los ves?
– No. En mi mesa no están y en el despacho de Eduardo, tampoco.
– ¡Mira! Están allí, sobre la mesa de Isabel.

Pista 7
1. – María, te presento a José.
– Encantada, José. ¿Eres profesor, como Pilar?
– No, no trabajo en la universidad. Trabajo en una escuela infantil.
2. Te dejo, Miguel, que todos los alumnos están ya en clase y tengo que empezar la lección.
3. – ¡No encuentro mi cuaderno de español!
– Está allí, en el armario.
4. Eva, te presento a mi amigo Armando. Es profesor de español para extranjeros y trabaja en una escuela internacional con muchos estudiantes de todo el mundo.

Pista 8
1. Yo nunca dejo mi cuaderno en casa. Siempre lo llevo en mi bolso y así puedo estudiar en el autobús.
2. – ¡No entiendo por qué no resolvéis este problema!
– No lo resolvemos porque no lo entendemos.
3. – ¿Qué te pasa, Enrique?
– No encuentro mi libro y mañana tengo examen.
4. – Bueno, ya tenemos impresora nueva. ¿Volvemos a casa?
– Espera, también quiero comprar un ordenador.
5. – ¡Luis! ¿Vienes conmigo a casa de Lola?
– Vale, pero antes termino este ejercicio.

Pista 9
1. Como hoy hace buen tiempo, Celia y Luisa pasean por la calle antes de ir a casa.
2. Vivo en una ciudad muy grande. Es muy diferente a la tuya. En la mía hay pocas casas con jardín, pero hay muchos edificios y rascacielos.
3. – Oye, José, ¿tomamos el autobús o vamos en coche?
– Mejor vamos en metro. Hay mucho tráfico ahora.
4. – Inés, ¿dónde está la farmacia?
– Está en la plaza, enfrente del ayuntamiento.
– Ah, ¿entonces está cerca del teatro?
– No, no. Está al lado de la iglesia.

5. – ¡Hola! ¿De dónde venís?
– Volvemos del mercado, de comprar fruta y verdura.

Pista 10
– Hola, María, ¿adónde vas?
– Voy al mercado. ¿Me acompañas?
– Vale. ¿Qué quieres comprar?
– Pues mañana tengo invitados, así quiero hacer algo especial.
– ¿Por qué no haces una paella?
– Pues es buena idea, tienes razó Elena le gusta mucho la paella, pe le gusta el marisco, así que la hag pollo. Necesito comprar algo de p ¡Ah! Y una botella de aceite de oliva
– ¿No necesitas comprar un paquet arroz?
– No, arroz tengo en casa.
– ¿Y verdura?
– Sí, claro, y también algo de fruta.

Pista 11
1. Marta y Lorenzo pasean por el pa con su perro.
2. Elisa y sus amigos están en la parad autobús.
3. La catedral de Sevilla es preciosa.
4. La bici está en el puente.
5. La gente se sienta en la terraza de la
6. ¡Qué bonito es el puente de Triana!
7. Muchas personas van a trabajar en m
8. ¿Vamos al supermercado a hacer la pra?

Pista 12
1. Buenos días, quería pedir cita con Romero, por favor.
2. – ¿Qué te pasa, Ana? ¿No te sientes b
– Estoy muy cansada y me duele m la cabeza.
3. Necesito descansar un rato. Estoy d siado tiempo delante del ordenador pican los ojos.
4. Lo siento, Miguel, hoy no puedo ju fútbol, me duelen mucho los pies.
5. – Ay, me duele la espalda.
– Claro, no estás sentada correcta te frente al ordenador.

Pista 13
1. – ¿Por qué te gusta trabajar con Ju
– Pues, mira, Juan es muy exigente, también es muy trabajador y no es aburrido, al contrario, es muy divert
2. – ¿Y tu nuevo vecino?
– ¿El señor López? Es una person cantadora y muy amable. No habl cho, pero es muy inteligente. Dice muy interesantes.
3. – ¿Qué tal les va a José y Lola en el
– Bueno, ya sabes que no son nada dos, pero son muy simpáticos y e tidos.
4. – ¿Cómo son las amigas de tu herm
– Pues no sé, me parecen muy aleg divertidas, pero a veces son un desagradables.
5. – ¿Cómo es tu compañera Isabel tímida?
– ¿Tímida? Uy, no, no, no, al contrari bla muchísimo y es muy trabajade

Pista 14
1. Ana, Isabel y Clara son buenas am Ana y Clara son muy generosas, Isabel es la más generosa, la verda
2. Mis amigos son muy divertidos y ale Felipe me parece muy simpático.

erdad, es tan alegre como mi novio.
ristina es muy responsable y trabaja-
ora. Yo creo que es más trabajadora
ue su compañero Luis.
¡Qué tímidas son las hermanas de Alberto! Casi no hablan.
Sí, sí. Son mucho más tímidas que sus
primos.
on una pareja muy diferente. José me
arece muy divertido y muy simpático.
n cambio, ella es muy seria y un poco
ntipática.

15
¿Practicas algún deporte, Ana?
Sí, el tenis, pero no me gusta mucho.
Prefiero el baloncesto. A mis hermanos
no les gusta. Ellos prefieren correr y
nadar.
uan juega al fútbol con sus amigos. Ellos
ambién esquían y hacen senderismo,
ero Juan, no.
¡Hola! Cristina, ¿qué hacéis estas vacaciones?
Pues José y Lola quieren esquiar, así
que vamos a la montaña. Como a mí no
me gusta esquiar, hago senderismo.
o, Felipe, no quiero jugar contigo al
olf. Ya sé que es tu actividad preferida,
ero yo prefiero el tenis.

16
uan juega muy bien al tenis, pero hoy
na está jugando mejor.
ristina está jugando un partido de ba-
oncesto y Carlos está viendo el fútbol
n la tele.
elipe está caminando por el campo y
lena está comprándose unas botas de
ontaña.
María está yendo al gimnasio y Juan está
orriendo el maratón.
uan y Lola se están poniendo las botas
ara ir a andar.

17
¡Hola, Ana! ¿Dónde vas?
Voy a clase de tenis.
¿Juegas al tenis? ¿Hace mucho que lo
practicas?
No, no mucho, soy principiante. Hace
un mes, más o menos, empecé las clases. Pero practico natación desde hace
muchos años. Voy a la piscina dos veces
a la semana. Y tú, ¿practicas algún deporte?
A mí me gusta la montaña. En invierno
esquío y en verano hago senderismo.
¿No juegas al fútbol?
Pues la verdad es que me encanta, pero
no para practicarlo. Me gusta verlo en
la televisión.

18
a tengo una guía de Argentina en casa,
sí que no necesito comprarme esta.
Qué bien! Ya puedo comprar el billete de
vión, mañana voy a buscar el visado.
¿Adónde vas con las maletas, Lola?
Tenemos que facturarlas antes de pasar el control de pasajeros.
¿Seguro que queréis visitar este museo?
Sí, dicen que es muy interesante.
sta tarde llamo al hotel para reservar
s habitaciones.

19
¡Carlos!, ¿qué tal? No te he visto en

toda la semana. ¿Dónde has estado?
– Pues he estado unos días en Sevilla
con Juan y Lola.
– ¿Sí? ¿Y qué tal por allí?
– Pues muy bien, la verdad. Lola ha visitado los museos y ha ido a todas las ex-
posiciones. Le gusta mucho la pintura.
Juan y yo hemos visitado el parque de
María Luisa, la catedral… Cada noche
hemos hecho algo diferente: hemos
ido a ver el puente de Triana, hemos to-
mado tapas en un restaurante andaluz,
hemos visto un espectáculo de flamen-
co… Y tú, ¿qué has hecho esta semana?
– Me he quedado en casa y he estado estudiando para mi próximo examen.

Pista 20
1. – José, ¿tú jugabas en la calle cuando
eras niño?
– Nooo, mis padres nunca me dejaban
jugar en la calle. Cuando hacía buen
tiempo, mis amigos y yo jugábamos en
el jardín de algún amigo, pero nunca en
la calle.
2. – Cuando era estudiante, siempre estudiaba por las noches. No me gustaba,
pero durante el día prefería estar con
mis amigos.
– Pues yo siempre estudiaba por la tarde, para poder ver la tele después. Me
encantaban los documentales y los
veía a diario.
– Pues Lola y yo también veíamos mucho
la tele, porque nos encantaba ver el
deporte. Lo que más nos gustaba era el
baloncesto y la gimnasia.

Pista 21
1. Carmen: Cuando era niña, vivía con mis
padres en un pueblo de Andalucía. En invierno y en primavera era agradable, pero en verano hacía mucho calor. Entonces íbamos al mar.
2. Felipe: Yo vivía en Venezuela. Allí el clima es tropical. En la costa hacía muchísimo calor y había mucha humedad, por
eso íbamos mucho a la montaña. Allí hacía menos calor.
3. Guadalupe: Cuando era niña, vivía en el
norte de México. Siempre hacía muchísimo calor porque es un clima desértico.
Es una región muy árida. Hacía tanto calor que no podíamos salir a jugar a la calle.
Teníamos que quedarnos en casa.
4. Pedro: Isabel y yo, cuando éramos ado-
lescentes, también vivíamos en México,
pero más al sur, cerca de la capital. El
clima allí era mucho más templado y
agradable. Pasábamos mucho tiempo en
el jardín.

Pista 22
1. – Hola, Antonio. ¿Dónde estabas? He ido
a la playa, pero no te he visto.
– Es que había olvidado mis gafas en el
coche y, como no tengo sombrilla y hace mucho sol, he ido a por ellas.
También he pasado por la farmacia para
comprar crema de protección solar.
2. Este verano hemos decidido cambiar
de planes y no hemos ido a la playa. Hemos pasado las vacaciones con unos
amigos que viven en un pueblo. Cerca
del pueblo hay un lago precioso y muchos bosques por los que hemos paseado.
3. – ¿Qué tal las vacaciones?
– ¡Uf! ¡Fatal! Ha hecho un tiempo horri-
ble. Ha llovido casi toda la semana y,

cuando no llovía, el cielo estaba nublado. No me he puesto ni una sola vez el
bañador.
4. – Hola, Pablo. ¿Ya has vuelto de tus vacaciones? Pensaba que volvías ayer…
– Pues sí, pensaba volver ayer, pero el
billete de avión era demasiado caro.
Así que he decidido tomar el tren esta
mañana, pero el taxi no ha llegado a
tiempo por el tráfico. Por eso, al final,
he venido en autobús y acabo de llegar.

Pista 23
1. El 12 de octubre de 1492, Cristóbal Colón llegó a América.
2. Los tres barcos de Cristóbal Colón sa-
lieron de Andalucía en agosto del mismo
año.
3. Cristóbal Colón escribió a los Reyes Católicos para contarles su viaje.
4. En su carta les contó que estaba en las
Indias.
5. A partir de entonces aumentó el inter-
cambio económico con América y nuevos productos llegaron a Europa.

Pista 24
– Bueno, ya hemos llegado a Palencia.
Juan me ha dicho que vive a las afue-
ras, al suroeste de Valladolid, y me ha
explicado cómo llegar a su casa, así
que va a ser muy fácil. Tenemos que
seguir la avenida hasta la plaza
Mayor. Luego, giramos a la izquierda… No, perdón, a la derecha. Y pasamos por delante de una estatua y seguimos todo recto hasta la autopista.
Entonces, hay que seguir en dirección
hacia Burgos.
– Pero… ¡Si Burgos está al noroeste de
Palencia! Nosotros tenemos que ir hacia Valladolid, que está en el suroeste.

Pista 25
1. Mis padres viven en el séptimo piso. Yo
vivo debajo de ellos.
2. Cuando era estudiante, vivía en Nueva
York, en la Cuarta Avenida.
3. A ver, tomen la segunda calle a la derecha, uy, no, la segunda no, la tercera.
4. Esta noche voy a la ópera. No es la primera vez, pero siempre estoy igual de
emocionada.
5. En la carrera del fin de semana, Luis llegó primero, Juan fue el tercero y yo…
llegué en quinto lugar.

Pista 26
– Es muy curioso, Paco, siempre vamos
por caminos diferentes. Por ejemplo,
para ir a la universidad, cruzo
el parque y sigo hacia la izquierda
hasta la tercera calle. Giro a la izquierda y voy todo recto hasta la universidad.
En cambio, tú…
– En cambio yo, como voy en coche, voy
por esta calle, giro la primera a la izquierda, luego la segunda a la derecha
y ya todo recto, paso por delante del
ayuntamiento y llego a la universidad.

Primera edición: 2017
Primera impresión: 2017

© Edelsa Grupo Didascalia, S, A., Madrid, 2017.
Autora: Arielle Bitton

Dirección y coordinación editorial: Departamento de Edición de Edelsa.
Diseño de cubierta: Departamento de Imagen de Edelsa.
Diseño de edición y maquetación: Departamento de Imagen de Edelsa.
Locución y edición de audio: Bendito Sonido.

Fotografías e imágenes: 123RF

Imprime: Egedsa
ISBN: 978-84-9081-304-1
Depósito legal: M-15929-2017

Impreso en España/*Printed in Spain*